挑戦する教室

Learning by Doing Method

実践が生徒を熱中させる！

中村寛大［著］
タイガーモブ株式会社共同代表取締役
小寺　圭［監修］
元 Sony China 会長

武久出版

刊行に寄せて ――「ゴールは常に枠の外。見る前に跳べ！」

みなさま、初めまして。

私はタイガーモブ株式会社の創業者、菊地恵理子と申します。今回、私のよきパートナーである共同代表取締役の中村寛大が本書『挑戦する教室』を著すにあたり、少しだけ、私たちの創業にかけた想いと、本書で展開する探究学習カリキュラム「挑戦する教室」のプログラムを起こした趣旨を説明したいと思います。

私たちの最終ミッションは、ひと言で言えば、関わった人を「次世代リーダー」に育て上げることです。「次世代リーダー」とは、金銭面での成功や社会的な職業地位が高いなどではなく、自分を自分と認めて輝ける場所を見つけ、自分が関わる分野・対象にリーダーシップ（私がどうにかする）を発揮するような人たちです。そうした人たちが1000人、2000人と育ち、そして日本だけでなく、世界中にそういう人たちを生み出せたら、100年先も300年先も、地球の未来は明るくなると考えています。そして「次世代リーダー」を生み出す最善の方法が言語・文化・思想が異なる異国の地で挑戦する「海外インターンシップ」だと考え、今日までサービスを届けてきました。

以前、海外インターンの面談で、ある大学生が、「就職したら辛いことばかりなので卒業する前の最後の楽しみだ」と言ったことに衝撃を受けました。それは周りの大人たちから辛い声しか聞こえてこないことが原因でした。

社会と繋がるってこんなに楽しいことなのに！　生きるって最高に面白いことなのに！　と思っていた私は、生徒たちにもっと輝く大人たちとの接点を持たせたい、社会との接点をたくさんつくりたい、そして自分らしさを地球規模で表現してほしいという想いで、教育事業を展開することにしたのです。

ですから出会った人、関わった人には全力でコミットしよう。それが、私が起業を決意した原点です。

この決意をして動き出してから、たくさんの笑顔や涙をチーム、ユーザーと共に経験しながら、あっという間に6年が経ちました。創業当時、インターン先を開拓するためにバックパッカー営業で世界を飛び回り、これまでオンライン・オフライン合わせて世界42カ国６００件以上のインターン実践機会を提供することができました。

地球上で起こっているさまざまな課題に取り組み、現場の最前線で奮闘している当事者たちを実際に見たり、話を聞いたりする機会を届け、そしてインターン生自らが当事者となって実際にアクションを起こし、内省する機会を提供しています。傍観者ではなく、自分でやってみることでたくさんの失敗・成功体験を積み、一体自分は何者なのか（興味関心や自分のらしさ）に気づくことで、自分で自分の人生のハンドルを持ち、未来に期待する若者たちを目の前でたくさん見てきました。

いわゆる普通の高校生が、どんどん目を輝かせ、周囲に向けて自分のやりたいことを発表している姿を見て、私たち自身もより未来が楽しみになっています。

「ゴールは常に枠の外。見る前に跳べ！」

これは私が大切にしている言葉です。現状の延長線上で考えていても未来は大して変わりません。何かを始めるときは不安がつきものですが、その不安も後から考えると大した悩みではありません。ゴールは常に枠の外というと、少し難しいと感じるかもしれませんが、見たいと思う変化があるのであれば、その変化にまずは先生自身が飛び込みましょう。生徒に挑戦をしてほしいならば、まずは先生たちが挑戦する。私たちタイガーモブも常に挑戦し続け、変化をつくる側として共に歩んでいきます。生徒が最も影響を受けるのは、親や先生、コミュニティの周りにいる身近な大人たちです。私たちは、自らの生き様で語り続けることで、生徒たちの挑戦を共に創っていきたいのです。では、具体的にどんな授業をすればいいのか？　本書にはその方法論と実践例を精一杯、盛り込みました。私たちに企業秘密はありません。

本書が、誰かのチャレンジの一歩となり、大きなムーブメントを生み出す機会となれば幸いです。

Ｂｅ Ａ Ｔｉｇｅｒ！（虎になれ！）

タイガーモブ株式会社　Ｆｏｕｎｄｅｒ・代表取締役ＣＥＯ

菊地恵理子

挑戦する教室・目次

第3章　生徒を熱狂の渦に巻き込む「挑戦する教室」とは

はじめに――チャレンジャーであふれる社会を

なぜ日本はこんなにも長く低成長の時代を抜け出すことができないのか。そして、なぜ若者の自己肯定感がこれほどまでに低いのか。

一生懸命学ぶ若者が、どうしたらより自分らしく生き生きと挑戦することができるようになるのか。

そして、学ぶことに関心のない生徒が、学ぶことを楽しいと感じ、もっとやってみたいとチャレンジするようになるにはどうすればよいのか。

こうした問題意識を出発点に私は事業をスタートさせたのですが、そこで培われた知見と知恵を広く皆さんにお伝えすることで、社会をよりよい方向に導びけないだろうかと考え、本書を執筆しました。

本書では、生徒が意欲的に学びたいと思えるような時間のデザイン法、これまでに私たちが実践して体得したやってはいけないこと、先駆者たちのすばらしい教育事例などを挙げ、その学びを経てどのような挑戦する生徒が生まれたかを、できるだけわかりやすく述べました。本書を参考に先生方がご自身でも学びを組み立てられるような構成になっています。

本書を読んでいただくことで、先生方は自分の学校らしい学びをデザインできるようになり、生徒の成長に合わせて寄り添うパートナーへと変貌し、熱気であふれた「挑戦する教室」をつくれるようになると自負しています。

結果として、毎日、何かしら新しい挑戦をする、学校の枠を飛び越える、地域・世界と協働する、社会にインパクトをもたらす、そんなすばらしい生徒が生まれてくるはずです。

より発展的な学びの設計について学びたい方は、本書の中で紹介している関連書をご参照ください。また、私たちは、本書で紹介している先駆的な先生方をお招きし、イベントやセミナーなどを開催します。ぜひ次のＱＲコードから私たちのコミュニティ（Tigermov Teacher's Community）にご参加ください。

最後に、私の自己紹介をさせてください。

私自身は、大学で教育学を専門に学んではいません。教育系企業での勤務経験も持っていません。立教大学を卒業後、採用・教育コンサルタントとして大企業からスタートアップ企業まで採用・育成・組織開発領域に長らく携わってきました。日本を代表する企業、世界を牽引する企業、今をときめくスタートアップ企業まで、さまざまな企業とお付き合いさせていただき、毎年１０００名を超える学生に出会い、面接や就職活動支援を通じて、若者の成長をサポートしてきました。その後、事業会社の執行役員を経て、タイガーモブの共同代表取締役として、就職活動支援や、社会人になる前の若者の成長を支援しています。その傍ら、文部科学省や内閣府の事業にも関わらせていただいております。そうした経験から私は、若者にとって、自分らしく挑戦する気概と経験を持つことが、どれほど社会で活躍する上で重要かを、身をもって実感しています。

本書の後半には、実際の教育現場で「挑戦する教室」を実践されている先駆的な先生方にもたっぷりとお話をうかがっています。また、海外の大学で挑戦を続ける先輩、生徒と同世代の次世代リーダー、学生起業家などが登場します。もちろん、就職活動や大学総合型選抜入試に求められるエッセンスも詰まっています。

本書が、読者の皆様にとって「挑戦する教室」をつくり、チャレンジャーであふれる社会をつくることに繋がる一助となれば、私にとってこれ以上の喜びはありません。

タイガーモブ株式会社共同代表取締役
中村寛大

第1章　「世界一挑戦する」日本人を育てるために

「世界一挑戦しない」日本人

知り合いに、ブントゥという南アフリカ人の男性がいます。彼が先日、来日した際にこんなことを言っていました。

「アフリカは貧困や紛争、殺人が多い。その多くが、収入が得られないことに原因がある。自分の生きている時代に、そうした問題を解決したい。だから、自分はスタートアップの支援をしているし、それが自分にとって最もやりがいを感じる。アフリカの未来をつくる仕事だからね」

日本にももちろんすばらしい起業家はたくさんいるでしょう。でも、これほど大きな志やビジョンを描いている人に久しぶりに出会って、感動しました。世界の新興国には、彼と同じように国や地球の未来を考えて行動する覚悟を持った人が少なからずいて、いつも驚かされます。

さて、皆さんの周りには、こんな挑戦者がいるでしょうか？　見つけるのは困難かもしれませんね。

私自身、日本の働き盛りや若い世代がそうなっていないのではないかと危機感を抱いています。図1‐1を見てください。

残念なことですが、世界でも群を抜いて、日本人は挑戦的な生き方を避けていることがわかります。

◉20代のクリエーティブ・冒険志向

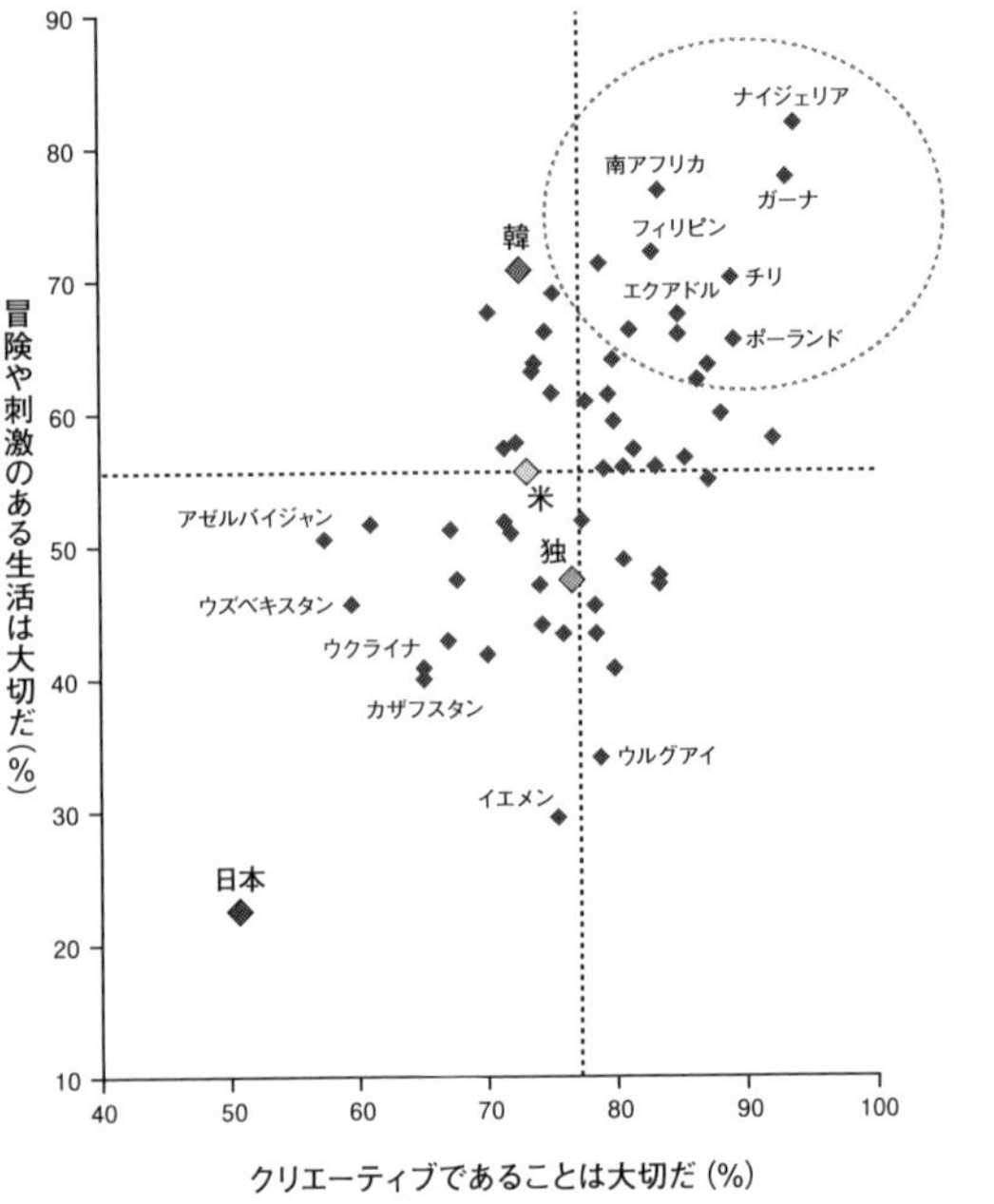

図1‐1　舞田敏彦,「世界一「チャレンジしない」日本の20代」, 2015年, <https://www.newsweekjapan.jp/stories/business/2015/12/20-7_2.php>

「いまどきのワカモノはだらしない！」「もっと挑戦しろ！」「時代的に仕方がない」など、いろんな声が出てくると思います。

そして、図1‐2は「国の将来がどうなるか」を若者に聞いたアンケートです。

日本の若者は、未来がよくなると考える人が最も少なく、同時に悪くなると悲観している人の割

◎自国の将来についてどう思うか

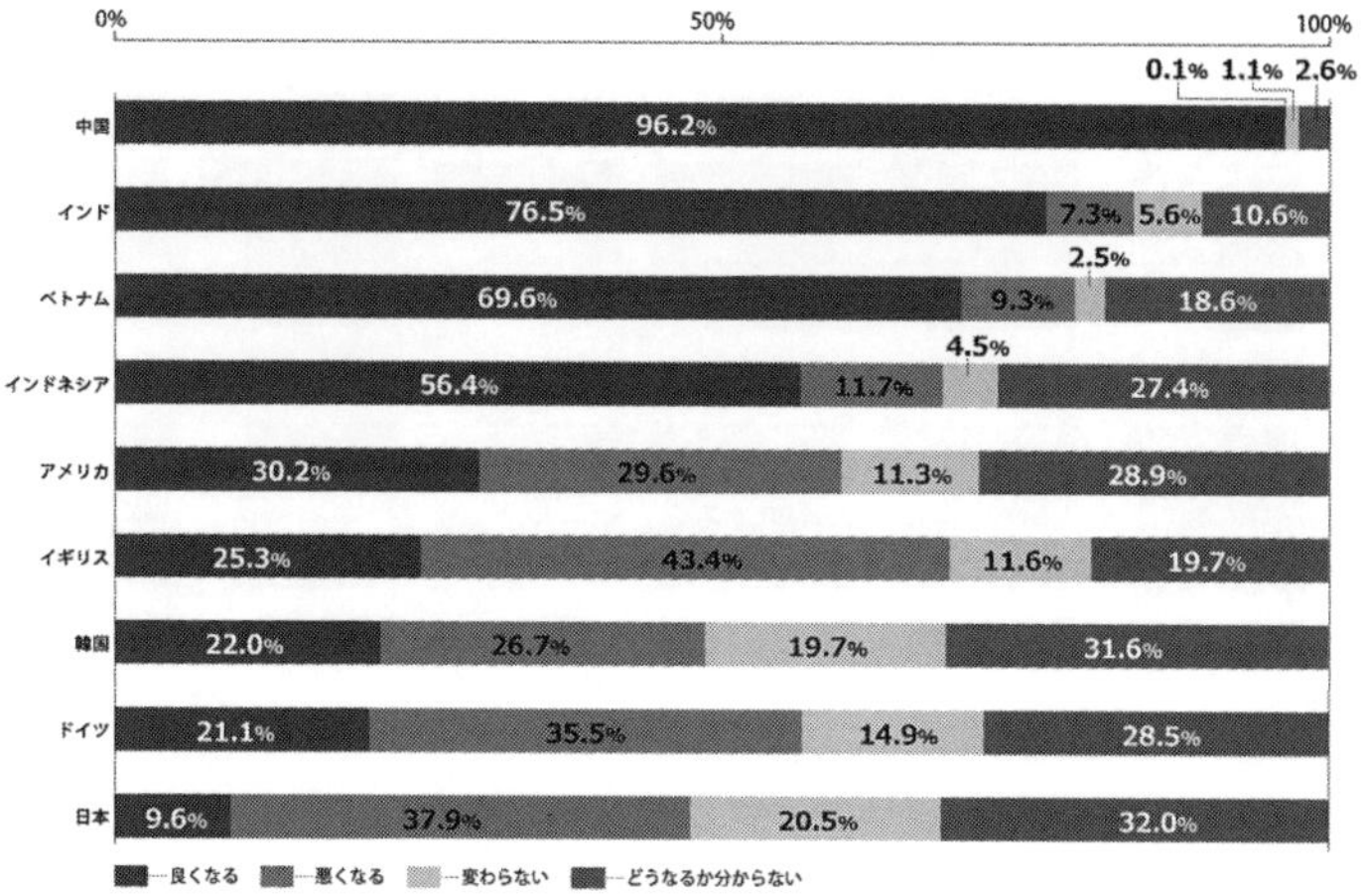

図1-2 （日本財団,「日本財団「18歳意識調査」第20回 テーマ:「国や社会に対する意識」(9カ国調査)」, 2019年, <https://www.nippon-foundation.or.jp/who/news/pr/2019/20191130-38555.html>）

合も高いのです。

では、自分で挑戦すればよいではないか！と思うのですが、若者へのアンケートによれば図１‐３のような結果です。

自分は大人ではないから、社会に対して責任がない。
大人ではないから自分には変えられない。
解決したいこともないから、議論もあまりしない。

これは一側面から見ているだけだ！　という反論があるかもしれません。しかし、少なくともこのようなデータが社会に提示されてしまうことに問題があるのではないでしょうか？

なぜ、このような状況になるのか。原因を

◉国別自己認識調査

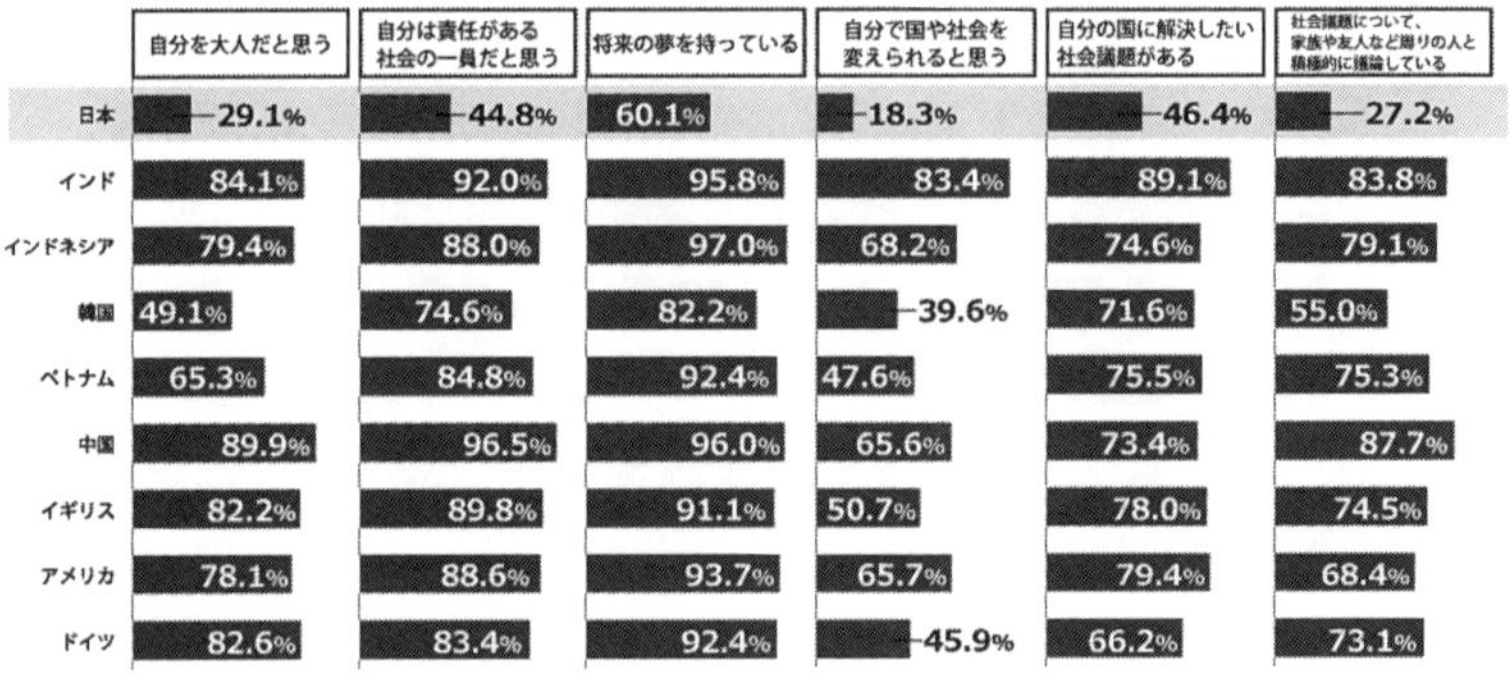

図1-3（日本財団，「日本財団「18歳意識調査」第20回 テーマ：「国や社会に対する意識」(9カ国調査)」，2019年，<https://www.nippon-foundation.or.jp/who/news/pr/2019/20191130-38555.html>)

追求し、犯人探しをすることもできます。しかし、そんなことをしている場合ではないのです。

「課題先進国」といわれる日本

日本は、少子高齢化が急速に進み、経済の担い手が確実に減っている状況です。生産性を高める必要性があるのはもちろんですが、日本の従来の雇用モデルは終身雇用が一般的で、長期労働に依存する産業が今でも非常に多いという特徴を持っています。

そのため、働く大人は新卒で企業に就職後、学び直しをする機会が他の先進国に比べて突出して低い水準にあります。

さらに、テクノロジーの発展により、今まで人が担う必要があった仕事がAIやロボットに移され、正規雇用の枠が減少しています。非正規雇用が増え、格差が広がった社会では、社会保障の側面が国として大事になってきますが、税を中心とした国の財源では足りず、公的債務がGDPの2倍近くに膨れ上がっています。

このように世界でも先駆けて少子高齢化が始まったことを発端に、「課題先進国」といわれる日本。同時に世界中で、Volatility（変動性）・Uncertainty（不確実性）・Complexity（複雑性）・Ambiguity（曖昧性）の頭文字を取った「ＶＵＣＡな時代」が到来、これからを生きる世代は夢も希望もなく、日本の未来は危ういと言われて久しいように思います。

そんな状況を打破するためには、少しでも早く、仮説を立てて検証を行い、未来が好転するような取り組みをしていく必要があります。

２０１９年3月、文部科学省は「２０２０年教育改革」を打ち出し、日本の教育を変えようとの意思決定をしました。

この意思決定の背景には、いま世の中にある仕事の半数以上が世界からなくなるというオックスフォード大学のマイケル・オズボーン教授の論文のインパクトがあります。とくにＡＩと自動化によって、雇用が失われる未来が来ることがわかっている以上、今までのものづくりを中心とした産業界からの要請に応えるための教育モデルでは、多くの人がグローバルな舞台での競争で勝ち残っていけないのは、当然のことです。ここで重要なのは、問題を素早く解決することではなく、問題そのものを定義することだからです。

だからこそ、新学習指導要領に書かれている「社会に開かれた教育課程」となるべく、新しい未来に挑戦し、自分らしい選択をする機会を提供することが大事だと私たちは考えています。

そうすることで、現在世の中に存在しない新しい産業や職業が誕生し、「仕事がなくなる悲観的な未来を生きる可哀想な子どもたち」という大人たちの間違った思い込みを払拭することができるはずです。

これからの時代、世界がより複雑かつ多様になるからこそ、自分らしさを表現することの価値が飛躍的に高まります。一人ひとりの強みや才能を伸ばすことでしか、社会人としての付加価値を身につけることができない世界はもうそこまできています。逆に言うと、受験勉強のために、毎日夜遅くまで教科書と参考書にかじりついていた今の30代や40代の大人たちが聞いたら、羨ましくてたまらない時代ともいえるのです。

「世界一挑戦する日本人」へ

そんなエキサイティングな時代における私たちの役割は、自分らしく、既存の枠組みに固執せず変化に適応し、むしろ社会の変化を生み出すような人を育て上げ、「世界一挑戦するクレイジーな日本人」にしていくことだと信じています。

そのために、私たちタイガーモブは、日本中の教室に、よりよい未来を自分の手でつくりたいと願う生徒でいっぱいになるような機会をお届けします。教室ではたくさんの挑戦を通じて、どんなに小さい存在であっても社会の一員であると自覚できる機会をつくり、将来や未来に視点を向け、行動を促すための対話と、フィードフォワード（提案）を行います。それによって生徒たちは自分の強みや特徴を理解し、自分らしく挑戦し、社会に価値を発揮する力を養います。

私たちは、まずは日本中に、このような「挑戦する教室」をつくりたいと考え、探究学習のカリキュラムを設計しました。これまで出前授業などで70以上の学校を支援し、２００を超える学校の相談に乗ってきました。すべての相談に対してクリアな回答と、次に繋がる問いを提供できているわけではないとしても、それなりに期待に応えられていると自負しています。

私たちタイガーモブは学びの現場（教育）に自分たちの人生を賭けています。

学びの現場で、生徒一人ひとりに向き合い、自分を信じ、未来に希望を持ち、行動する人を増やすことが、すべての人の未来をよりよくする最も有効なアプローチだと信じています。

今、教室が抱える課題とは

今、多くの教室が抱える課題はいくつかのカテゴリーに分類できますが、大別すると次の通りです。

「生徒がやる気にならない」

「探究の時間で、生徒はネットで調べた内容を貼り付けて発表するだけになってしまい、盛り上がらない」

「カリキュラムの考え方や設計方法がわからない。何から始めてよいかもわからないから、とりあえず教科書を導入したが、自分自身が理解できておらず、意味があるのかどうかもわからない」

「こんなことをしていて意味があるのかがわからない、生徒たちの将来のためになるのか説明ができない」

先生がこのような状態に陥っている場合、早急に解決すべきです。なぜなら、学習指導要領通り、文部科学省が定めた文章に沿った教材を導入して授業を進めているものの、ただ時間通りに教科書を読み上げて、工程をこなしている状態では、生徒は目の前のことに集中できるはずもないからです。

私たちは高校生が参加する海外プログラムを実施するので、よく高校生と話をします。彼らの本音は、「やる気のない授業に参加するくらいなら、新しいクラスメイトと仲良くなりたいし、遊びたい！」です。

コロナ禍で出席日数が減り、学校の行事がカットされ、生徒同士が考えて触れ合い、コミュニケーションを交わす機会は激減しています。今まで学校が楽しかった生徒が急に楽しくなくなって不登校になってしまったという声もよく耳にします。

それは、学校という場所が持つ価値がコロナ禍によって毀損《きそん》されてしまっているからです。

そんな状況の生徒たちを相手に、先生自身が自分の目的を理解することに苦しみ、自身も楽しくない学びを届ける。そんなことで生徒が夢中になって取り組むことができるでしょうか。

答えは言うまでもなく、ノーだと思います。

目的や目標が置き去りになってしまう探究の時間なんて、はっきり言ってやらないほうがよいでしょう。見方によっては、自習のほうがまだマシかもしれません。

すごい子がたくさんいる

これまで私たちは海外インターンシップというかたちで、世界を舞台に実践的な機会を提供してきました。今ではアジア・アフリカ・南米を中心に世界42カ国、600カ所を超えるインターンシップの受け入れ先企業・団体を擁するまでになっています。

提携企業の事業領域も幅広く、商社やメーカー、コンサルタントから、ウガンダで石鹸を広める活動をしている団体、JICAからスピンアウトして生まれた事業体、日本の大企業によるアフリカでの新規事業、国連や欧州連合、アジア開発銀行から仕事を請け負ってサステナビリティを推進する企業、南アフリカの政府と一緒になって雇用創出をめざす企業まで、とても面白い企業、そして代表者ばかりです。

また、私たちは「インターンシップの斡旋会社」ではありません。あくまで「教育機関」です。インターン参加者は、面談、事前研修、振り返り研修、IKIGAI研修、メンター紹介、コミュニティイベント、帰国後研修、キャリア支援を受けられます。つまり、一人の参加者の「well being」に徹底的に寄り添います。

「インターンシップで得た学びを次に繋げ、人生の糧にしてほしい」

それが私たちの願いです。

これまでの6年間で3000名を超える方が海外に飛び立ち、現地で悪戦苦闘しながらも、自分自身と必死に向き合い、やり切った経験と、自信を得て日本に帰国しています。

そうした実績があるからこそ、「未来には希望しかない！」と社員全員が本気で信じています。大企業の社長や国際機関のリーダーの中には日本の教育を不安視される方も多いのですが、タイガーモブの参加者の話をすると、「すごい子がたくさんいるもんだね！　日本の未来も捨てたものじゃない！」と認識を改めてくださることがあります。

そうした経験を土台に、具体的な実践を重んじる学びを日々構築しています。

そして、同時に、学びそのものの研究を行っています。世界中に存在する教育理論や社会学、心理学の原理原則や理論との照合を行い、価値を検証し、多くのありたい姿の実現と学びをつくり、再現性のあるかたちをつくることで、生徒たちは数々の賞を受賞してきました。

日本の教育の未来は、先生たちの授業を運営するためのファシリテーション力と提案の幅にかかっています。本書で学び、教え子を「先生のおかげで、人生変わりました！」と最高の笑顔にさせられるような学びを提供しませんか。

本書では、私たちが進めてきた最高の教室をつくり上げる考え方とその実践例を余すことなくすべてオープンにします。

来学期、いや明日から、危機的な状態を脱し、「挑戦する教室」に変革しましょう！

第2章　つまらない探究的な学びになる6つの理由

新学習指導要領の挑戦と現在位置

２０１７年から２０１８年にかけて、約10年ぶりに文部科学省が学習指導要領を変更しました。「外国語教育」や「プログラミング教育」が小学校から取り入れられることとなり、マスメディアを賑わせました。

このような大幅な学習指導要領の変更は、オックスフォード大学のマイケル・オズボーン教授の論文にもあるように、未来の職業が大きく変わる可能性があることや、グローバル化やテクノロジーの飛躍的進歩が予期されることから、予測困難かつ個人の可能性に満ちあふれた新しい時代に適応するために行われたものです。

言葉を変えると、人間らしい豊かな感性と一人ひとりが持つ可能性を最大化することにフォーカスしている改革と理解されます。「外国語教育」や「プログラミング教育」といった、具体的な実施内容の変更だけでなく、生徒との向き合い方や学びの中で重要視するポイントも見直され、さながら「教育革命」のような様相を呈しています。

新学習指導要領では、各教科などの学びを通じて「何ができるようになるのか」という観点から、「知識及び技能」「思考力・判断力・表現力など」「学びに向かう力、人間性など」の3つの柱からなる「資質・能力」を総合的にバランスよく育んでいくことをめざしています。

「知識及び技能」は、具体的な知識・技術だけでなく、習得した個別・具体的なものを既存の知識・技能と関連づけて深く理解し、社会の中で使えるかたちに変換したものを含みます。

そして、「思考力・判断力・表現力など」は、「知識及び技能」で培った学びを実践してかたちにすることを指しています。

最後の「学びに向かう力、人間性など」は、実践を通じて得られた気づきや学びを、さらに深めていこうとする態度です。

このような「資質・能力」を育むために、新学習指導要領では、「主体的・対話的で深い学び（アクティブラーニング）」の視点からの授業改善を重要視しています。

ここでいう「主体的な学び」とは、自分らしい興味関心を持ち、自分のありたい姿の方向性と関連づけながら、見通しを持って取り組み、自分の学びを振り返って次に繋げられるような学びになっているかを大切にします。

さらに「対話的な学び」とは、学びに参加する者同士が目標を共有し、力を合わせて活動をしたり、学校内外の人との対話や先人の優れた考え方をヒントに、自分の考えを広げたり、深めたりするような学びになっているかを大切にします。

最後の「深い学び」とは、各教科科目独自のものの見方や考え方を学ぶだけでなく、学んだ見方や考え方を組み合わせて、自分らしい視点や課題を設定し、解決策を導きだせるような学びになっているかを大切にします。

そして、何よりも、生徒たちが主体的に学び続ける「アクティブラーニング」の視点から、「何を学ぶか」だけでなく、「どのように学ぶか」を重視して、学校の授業をより魅力的なものにしていくことを大切にしています。

教室のいたる所で、「わかった！」「おもしろい！」「楽しい！」が出てくる学び、周りの人たちと共に考え、新しい発見や豊かな発想が生まれる学びを提供していくことが重要だとされています。

そのため教育現場における実践として、「総合的な学習の時間」や「総合的な探究の時間」(探究的な学び) という授業時間が設けられており、生徒一人ひとりが自分らしい学びをする時間が用意されています。

しかし、この2年間、教育現場でスタートしたこうした取り組みで、先生たちからはこんな声が聞こえてきます。

「一生懸命やっているんですけど、生徒はなんとなくやって、何も残っていない気がするんですよね。僕のやり方がいけないんです」

極端かもしれませんが、学校の先生は土日もなくほぼ休みなしで限りある時間を最大限活用して、生徒のことを考え、必要だと思う機会をつくり、この探究的な学びの時間に取り組む必要性を生徒たちに伝えています。

しかし、そんなことは関係ないというかのように、生徒は期待した水準にはまったく届かない成果物を出してしまう現状があります。そして、出てきた探究的な学びの成果物に対して、先生たちは「こんな成果物は出せない！」と一緒になって必死に修正したり、発表の機会もなくお蔵入りさせてしまうのです。

なぜ、このような状況が頻発するのでしょうか。私たちが現場を多く見てきてわかったことを振り返ってみます。

なぜ、つまらない探究的な学びになるのか

この問題には、大きく6つの理由と切り口があると私たちは感じています。

1 準備不足の問題

まずは、この取り組みへの準備不足があります。これは先生と生徒の両方に存在するように思い

ます。

まず先生の準備不足です。

先生たちに、「答えるのはちょっと無理かもしれないですけど、理想的な授業のイメージはどのようなものですか？」とよく聞くのですが、先生たちはその理想と現状のギャップが大きいことに気づいていないことが多いようです。そのギャップを指摘すると、「忙しいのでどうしても手が回りません」と言われることがほとんどです。

そこで、その「忙しい内訳」を聞いてみると、校務分掌や書類手続き、テスト採点、生徒指導、調査への回答などの業務が出てきます。

私たちタイガーモブは、企業という立場で活動しています。忙しいのは学校の先生も私たちも変わりません。課題を前進させていくのはお互い同じことであり、優先順位づけの問題だと感じています。

実際に、後ほど事例として紹介する学校の先生たちは、みなさん非常にお忙しい方々ですが、理想に近づけるために課題を捉えて、それを解決していくアクションを着実に実行しています。

そこで、本当にやるべきことと、やったほうがよいことを次の「重要・緊急マトリクス」（図２-１）を活用して振り分けてみてください。そして、本当にやるべきことに時間を使えるようにすることを意識してください。

このマトリクスづくりに着手したときによく起こるのが、「全部大事！」として第一象限にすべ

◉重要・緊急マトリクス

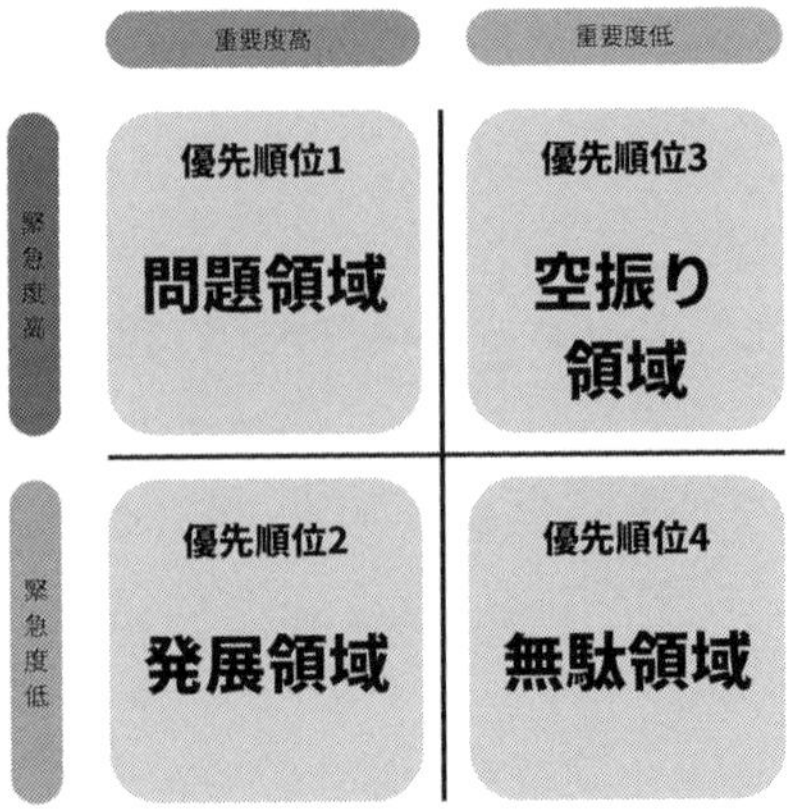

図2-1（筆者作成）

てが集中してしまうことです。仮にそうなった場合、その中で、取り組むことで得られる効果が高く、実施難易度の低いものから順番に優先順位をつけてみてください。それで得られる効果がわからなかったり、実施難易度が不明な場合、自分が今から取り組むことを理解していない可能性が高いと思われます。

　このプロセスを経ると、やるべきことの一覧が整理され、順位もはっきりします。

　その上で、ご自身に問いかけてみてください、「ほんとうに自分がやる必要があるのか」と。「それはやってあげないほうがよいことではないか」と。生徒のためによかれと思ってやっていることが生徒の主体性を奪い、先生自身の時間をすり減らしていることもよくあります。そして、やるべきことで埋め尽くされたこのマトリクスをスピーディーに進めるために、できる工夫を先輩や管理職に聞き、協力していただくことで、優先順位が下がっていた、本当はやりたいことに着手できるようになっていきます。

　本当に大切なことに時間を割けている先生たちに共通することは、チームプレーができていること、お互いの状況理解ができていること、そして作業の重複が少ないことです。そのためには、デジタル化を推進し、無駄撃ちをしないように業務を設計することが必要です。

たとえば、私たちタイガーモブは、約15人のスタッフで約70校分の探究的な学びの設計から実施までを手がけています。そして、私たちの勤務形態は完全なリモートで、世界各国に社員が散っているので、物理的な接点を持つことは難しい状況です。そんな状況でも仕事を円滑に進めていくために、ビジョンを策定し、現状とのギャップを認識し、課題を設定して、タスクに落とし込むことを徹底しています。また、毎日スタッフ一人ひとりがどんな課題に取り組んでいるかを可視化しています。そのためのツールとして、プロジェクト管理ツール「Ａｓａｎａ」を活用し、誰がどんな仕事に向き合っているのかをデジタルに見える化しています。しかもこのツールは人数制限がありますが、無料で利用できます。デジタルツールをいきなり導入することにハードルが高い場合は、まずこの「重要・緊急マトリクス」の作成にチャレンジしてみてください。(https://bit.ly/3RXrENh)

そして次に生徒の準備不足です。

生徒たちの準備不足は、つまるところ「学ぶ姿勢」の準備不足です。アクティブラーニングにおける重要なポイントは、「生徒の学ぶ姿勢がそこにあるか」ということですが、フィンランドの学校やインドネシアのバリ島にある最先端のエコスクール「ｇｒｅｅｎ ｓｃｈｏｏｌ」など他国の学校を訪問していつも感じることは、生徒たちの自己認識の差です。

◉ See the Good!

図2-2
（木原優佳,「フィンランド発、転んでも立ち上がれるしなやかな強さを育む教育メソッド「See the Good!」」2020年〈https://ideasforgood.jp/2020/06/15/seethegood_finland/〉）

そこでお聞きしたいのですが、先生たちは、生徒たちのありたい姿（Ｂｅｉｎｇ）をご存じでしょうか？

重要なのは、どんな職種に就きたいかではなく、その職種に就いてどんな価値を世の中に伝えたいか、です。

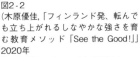

フィンランドの未就学児は、徹底的に自分の得意や好きなことを見出すために時間を使います。そして小学生からその「得意」と「好き」をベースに何ができるのかを自分で考えて実践する機会が豊富に用意されています。

たとえば、図２-２のようにフィンランドの８割以上の学校に導入されている「See The Good!（https://go.seethegood.app/）」は、自分の強みや得意を明確化するために使われているＷｅｂアプリケーションです。このアプリでは互いにカードを渡し合い、互いの強みをフィードバックすることができます。その結果、相対的に自身の強みが可視化されていくのです。

また、インドネシアの最先端のエコスクールと呼ばれている「ｇｒｅｅｎ ｓｃｈｏｏｌ」は、サステナビリティとアントレプレナーシップをテーマにした学校で、日々雨水を飲料水に変える装置を開発したり、再生可能エネルギーを生み出すプロジェクトとして振動エネルギーを電力に変換するタイルを開発している生徒がいたりします。

こうして、「得意」や「好き」が明確になり、その生徒が実現したいことやありたい姿が明確になれば、生徒本人が主体的に取り組みたいことを表現できるようになります。そして、アメリカの心理学者ミハイ・チクセントミハイが提唱する「フロー理論」にあるように、「フロー」の状態に入ることができれば、探究者として自走し始めます。

◉フロー理論

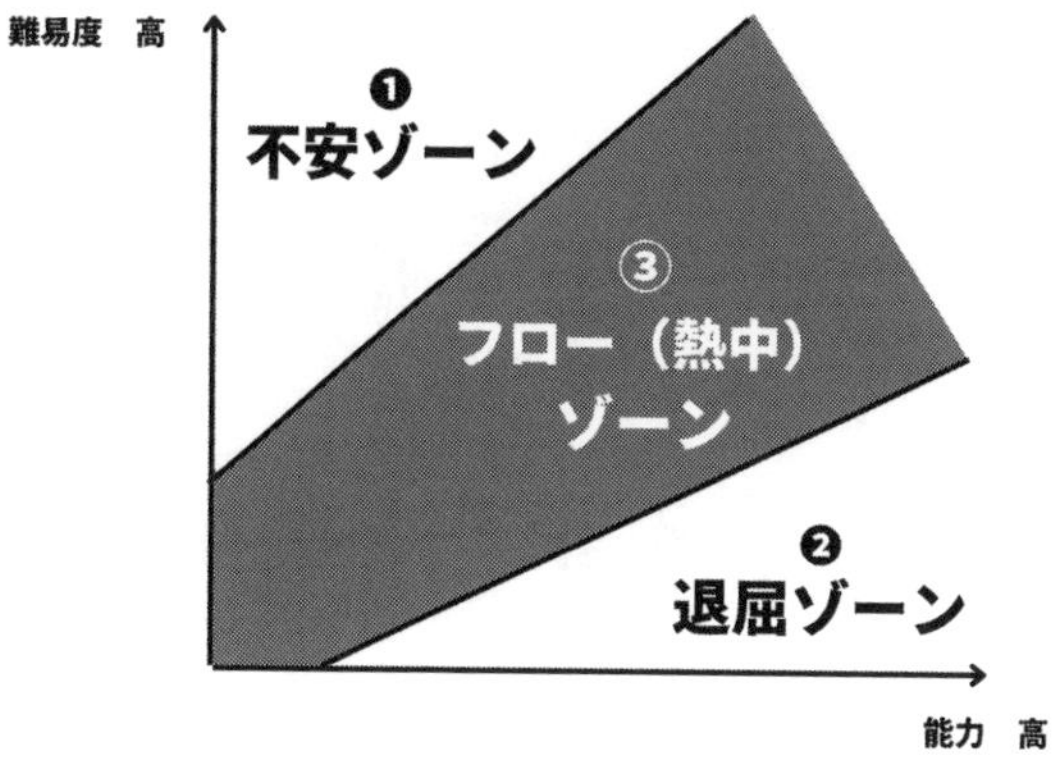

図2-3（筆者作成）

図２‐３にあるように、「フロー」の状態とは、③のゾーンに入っていることを指します。人が創造的な活動や高い技術力を必要とされる仕事などに没頭しているとき、疲れを知らず、時間の過ぎるのも忘れて活動を続け、永続的な満足感を得られている

状態です。いわゆる集中している、夢中になっているといった意味です（多様な個性を持った生徒がいるため、人によって「フロー」の状態に入れる条件は異なります）。

たとえば文化祭や部活動は楽しそうにやっているが、授業は退屈そうで早く終われと願っているように見えるのは、②の退屈ゾーンにいるため生徒がフローの状態に入っていないからです。また、①のように難易度が高すぎても不安で取り組みが発生しません。今この瞬間、本当に没頭する必要性があれば、生徒は熱狂的に授業に取り組みますが、そうでない場合、学ぶ理由や動機を見出せず、授業時間が過ぎるのを待つといった結果になることがほとんどです。

ポイントは、楽しさ（純粋な好奇心）と自分にとっての意味を感じられるかどうか、すなわち「Being との紐付き」があるかどうかだと考えています。後ほどそのポイントについて解説します。

2 授業時間不足の問題

先生と生徒の準備不足を一つ目の切り口として取り上げました。それに関連することとして、次は授業時間の問題を取り上げます。

日本型の一斉授業は、知識の定着の面では非常に効果的だといわれています。私が授業を行う高校へ、シンガポールや他のアジアの国々の方がオンラインで視察に訪れたり、逆に私がフィンランドを訪問した際に、日本の授業は褒められることのほうが多かったのです。国民性もあると思いますが、日本の教育は、短い時間で多くの人に一定のスキルを身につけてもらうという観点で見ればシステマチックで、すばらしい教育法です。しかしながら、日本式の一斉授業は探究的な学びのプロセスをたどる面では弱いと感じます。

探究的な学びのプロセスは、構文や公式を覚え、知識を積み重ねるだけでは成立しません。何度も繰り返し行うプロセスが非常に大切になります。

これには当然、時間がかかります。また、個々人の進度のばらつきも出るため、一斉授業ではほぼ対応できなくなるのです。

やはり一定の没頭できる時間が必要となりますが、多くのケースが1コマあたり50分という限られた時間での設計です。この限られた時間で、先ほどの学ぶ準備をしたり、学びに没頭することは非常に困難です。

こうした限られた授業時間の中で、生徒は非常に複雑な立場に置かれます。とにかく勉強することが大事とされる時間と、「あなたのありたい姿は何？」という別次元との揺らぎは、目的の所在を不明瞭にし、学ぶ目的をないがしろにする可能性を大いにはらんでいます。

探究的な学びの時間は、成果や結果を早急に出すために取り入れるのではなく、少し長めに時間をとり、生徒が自分で考えられるような時間設計にすることが大切ではないでしょうか。

3　探究的な学びの捉え方の問題

「皆さんは、なんのために『探究』しますか？」

◉探究的学びの関係性

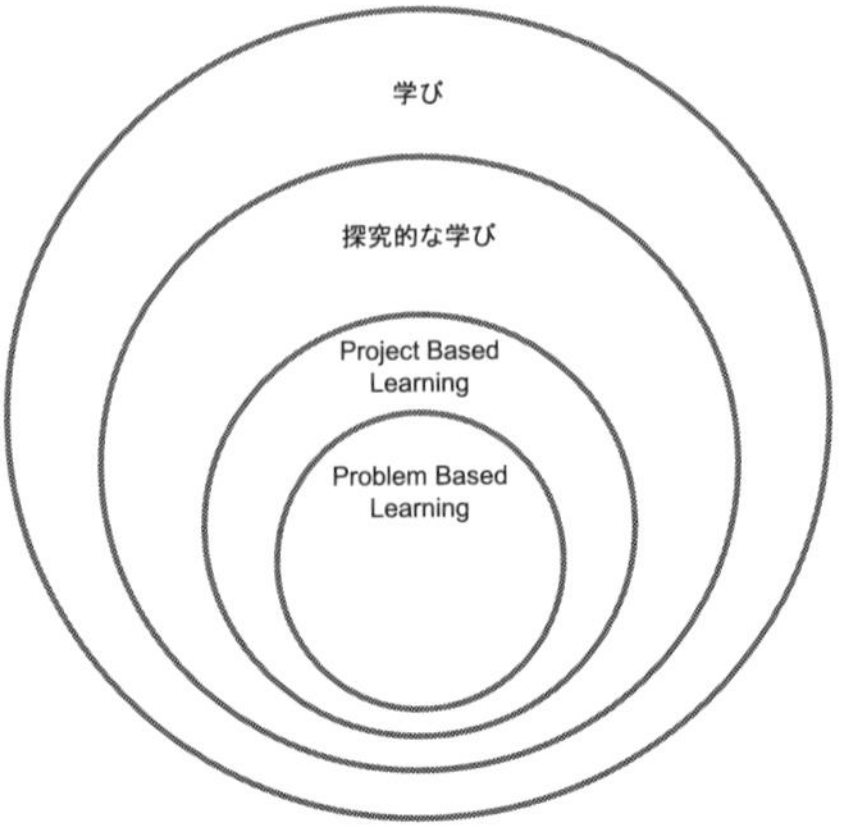

学び：全体を包括する最も範囲の広いもの。探究に入らないのは、講義や、読み聞かせ、口頭伝承など他人から教わるもの
探究的な学び：試行錯誤しながら学ぶもの
PBL（Project Based Learning）：探究の中でもプロジェクトを通して学ぶもの
PBL（Problem Based Learning）：探究の中でも問題解決を中心とするもの

図2-4（筆者作成）

『探究する学びをつくる─社会とつながるプロジェクト型学習』の著者である藤原さとさん[1]は先生向けのセミナーを実施する際に、必ずこの問いを先生たちに投げかけます。

私の答えは、タイガーモブのビジョンでも触れていますが、「地球の可能性を拡張し、サステナブルな社会の実現のために」さまざまな分野で探究すべきです。

また、「探究」という言葉の定義を揃えておくことが非常に重要と考えます。教員研修などでもこの定義について話され、認識を共有されることを強くお勧めします。

1　ヘルスケアコンサルタント。慶應義塾大学法学部政治学科卒・米国コーネル大学大学院公共政策学修士（M.P.A.）。医療機関再生、地域包括ケアシステムの構築サポートにたずさわる。ミャンマー保健省と協働した現地乳がん検診事業立ち上げにかかわる。２０１４年に「こたえのない学校」を設立。２０１４年から２０１７年までアメリカに在住。２０１８年、経済産業省「未来の教室」事業で米ハイ・テック・ハイの教育プログラムを日本に導入。著書に『探究する学びをつくる─社会とつながるプロジェクト型学習』（平凡社）、『ラクガキのススメ（共同執筆）』（あいり出版）

問題は、多くの場合「探究すること」が目的化している可能性があることです。なんのために「探究」するのか。自分が実現したいことのために「探究する力を養う」など、もう少し掘り下げて考える必要があります。

「探究」は学びのプロセスであり、サステナブルな社会を実現するための一つの方法論です。現時点での私の解釈は対象の大きさの順に図２－４の通りです。

この図から、学び、探究的な学び、Project Based Learning、Problem Based Learningについて、その関係性が整理できると思います。そして、タイガーモブではジョン・デューイの考え方をベースに具体的な体験から学ぶ「Learning by Doing 学習モデル」（図２－５）を提唱しています。

◉ Learning by Doing 学習モデル

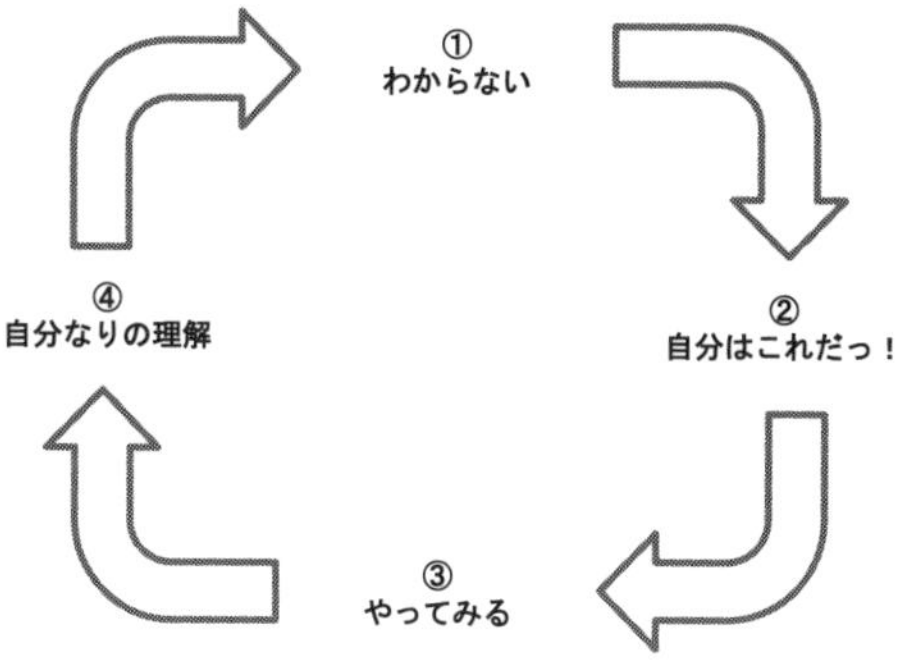

図2-5（筆者作成）

後ほど詳しく解説しますが、簡単に言うと、好きなことや得意なこと、やってみたいことなどは最初は誰しもわからないものです。さまざまな「わからない」状態から、活動を通じて、自らが「こうだ！」と思う仮説を立て、立てた仮説を試して、「わかった」ことと「わからなかった」ことを明らかにする。これを繰り返すのです。

これがタイガーモブの考える探究的な学びのプロセスであり、すべてのカリキュラムに通底する考え方です。

ただ、この考え方には弱点があります。それは、「生徒主体」になっていないかぎり、ひどく退屈な時間へと大化けしてしまうことです。ですから、私たちは必修のカリキュラムとして提供する場合、必ず生徒の好き・得意・やりたいを言語化することからスタートします。たとえば、私たちは「好き」を言語化するやり方として、自分自身の好きなことを１００個書き出すようなワークショップを実施します。そうすることで、一人ひとり違った「好き」を文字情報として具現化することができます。言葉として書き出すことによって、その人の考えや価値観を表出させることとなり、そこから共通点や、個性を見出す出発点となります。

そうでないと、どんな探究的な学びも生徒主体ではなくなり、狙っていた学びの効果は得られません。生徒が学びに飽きてしまうのは、先生たちがこうした考えを背景に持っていないことが原因になっているのではないでしょうか。

教育現場でよく目にするのは、「どうこの時間を過ごすか」という方法論が議論され、目的や動機を考える「なんのためにやるのか」という議論が疎かにされがちであることです。探究の定義を捉え損ねていると、前述した準備不足や、授業時間不足の問題も重なって、より問題が複雑化してしまう傾向があるように感じています。

４ 先生の役割の問題

そして、先生の役割の問題です。

先生といえば、これまで「生徒にとってのよい手本であり、何かを教えてくれる存在」でした。

しかし、それだけでよいのでしょうか？　グローバリゼーションの下、情報が世界を覆い尽くすＶＵＣＡ（変動性・不確実性・複雑性・曖昧性）といわれるこの時代、「先生はよい手本であり、何かを教えてくれる万能な存在」であることは可能なのでしょうか？

残念ながら、現実的に不可能でしょう。

ただし、「先生」という文字の通り、「先に生まれた・先を生きている」からこそ、わかることや伝えられること、生徒に示せることがあるのではないでしょうか？

「どうせ先生の思い通りになるんだから」「先生が最後はやってくれる」となっていると、いつになっても「与える・与えられる」の関係から抜け出すことができません。

現代の先生は、すべてを理解し、教えられる状況にある必要はありません。現実的に、そもそも不可能です。それよりも先生もわからないことを生徒と一緒に取り組んだり、わかる生徒から教えてもらうように場を提供したり、「先生なら、こう考える」という意見を伝えたりする、ナビゲーターやファシリテーターのような役割が求められます。

この過程でも、考え方を教えることはあると思いますが、答えを教えたり、答えありきで取り組んでもらうことはあまり望ましくありません。むしろ、学ぶ過程で、たくさん失敗して、そこから生徒が教訓を得て、実社会で取り返しのつかない失敗をしないようにするために、先行経験してもらうことが大切です。そのためには、主体的な経験をすることが大切であり、生徒が中心となった場をつくり、見守る。それがこれからの先生の役割ではないでしょうか。

先生がそうすることで、初めて、生徒に対し自らが取り組まないといけない環境を用意でき、長年、先生も望んでいるリーダーシップを発揮することに繋がるのではないでしょうか？

介入しすぎること、一つの答えに辿り着くことを強制すること、やり方を制限しすぎることは、かえって先生が望む人材になってもらうためには逆効果です。時代をしなやかに生き抜く生徒を育むためにも、意思決定の瞬間をできるかぎり生徒に渡し、たくさんの失敗と気づきを得てもらうような教室づくりをしていきましょう。

5 受験システムの問題

ところで、生徒には、探究する余裕はあるのでしょうか？　それが肝心な問題です。

私の認識では、「今の学生は忙しすぎる」という問題があります。

世界を見渡したときに、シンガポールや中国、韓国など学歴が大切な国では、寝る間を惜しんで勉強している傾向があります。

先日、シンガポール国立大学に進学した学生に話を聞くと、朝5時に起き、勉強をしてから学校に行き、授業が終わるころ学校まで車で運転手が迎えにきてくれて、そのまま塾に行き、22時まで勉強するそうです。そのため、旅行したり友人と遊んだり、世界の社会課題を知ることはあまりないとのことでした。学歴が大切な国というのはこれほどまでに勉強するのです。

もちろん、勉強をすることで自分の人生をよりよくすることを否定しているわけではありません。むしろ、義務教育が浸透している日本においては、教科科目での受験システムは、教科書さえきっちり学ぶことができれば、誰でも点数が取れる比較的フェアなシステムだと思いますし、教育格差を生みにくい構造であると思います。しかし、このシステムに乗ることができない人も多くいるので、完全に皆が一緒に学べる状態かというとそうとも言えません。

人の夢が多様であるように、十人十色のあり方が肯定される社会をめざすためには、将来の進路の決め方にもさまざまな方法があってよいと思います。ですから、昔から続く「こうすべきだ」という思考ではなく、未来思考で考えていくアプローチが必要です。

たとえば、文字を書くことが苦手な生徒は、絵で表現する方法でもよいでしょう。他にも口語で発表するという方法や、何か映像作品を提出することでもいいし、システムを開発して想いを伝える、演劇や踊りで表現することもあるかもしれません。

大切なことは、学ぶ本人とサポートする学校が、その生徒に合った学びの場を提供することが可能かどうかを見極めることです。見極められる力があれば、判断基準は多様化しても問題ないと思います。多様化した先に、埋もれていた才能が発掘され、大きなイノベーションに繋がる可能性があります。テクノロジーの進歩とグローバリゼーションがこのことを可能にする未来がきっとやってくるでしょう。

だからこそ、私も含めて親と先生は自分たちが経験してきた道を押し付けるのではなく、未来を想像し、ありたい姿を一緒に考え、最適な機会を提供するサポーターになることをめざしましょう。

そのためには、既存の「受験システム」だけに捉われず、よりよく生きるための人生の過ごし方を生徒が選択できるよう、先生たち自身が努めることが必要です。

ぜひ考えていただきたいのです。

「その生徒（お子さん）は、充実した時間を過ごせているか」

「どうして、現役合格を重要視して人生を歩む必要があるのか」

人生100年時代、少し息抜きしたっていいではないですか。生徒が選択に迷うのは当然です。

タイガーモブの参加者には、大学を休学してインターンに行く学生が年間500名以上います。会社を退職して、インターンに参加する社会人もいます。高校は休んでいるけど、タイガーモブの授業にはオンラインで参加する生徒もいます。

濃淡はあれど、みんな未来の可能性のドアをその人らしく開けようと努力しているのです。その挑戦は何よりも美しく、すばらしいことだと思います。

生徒たちがより自分らしい人生を歩むために、今ある受験システムを相対化して見てみませんか？　きっと、新しい選択肢がたくさんあることに気づかれ、びっくりされるでしょう。

6　教員組織の問題

現在の教員は基本的に前例踏襲主義、先輩に倣えの方式。そのため、新しい試みを実践することが非常に難しい環境にあります。

また、部活動の顧問、各種委員会や担当など、若い先生であればあるほど、多くの現場仕事を担い、残業の概念がない教員の世界はブラックだと社会から認知されてしまっています。

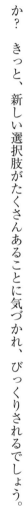

事実として、そうした環境を避ける人が増えているため、図２‐６のように教員の採用者数は平成12年度から緩やかな右肩上がりになっているのに対して、採用倍率は右肩下がりになっています。

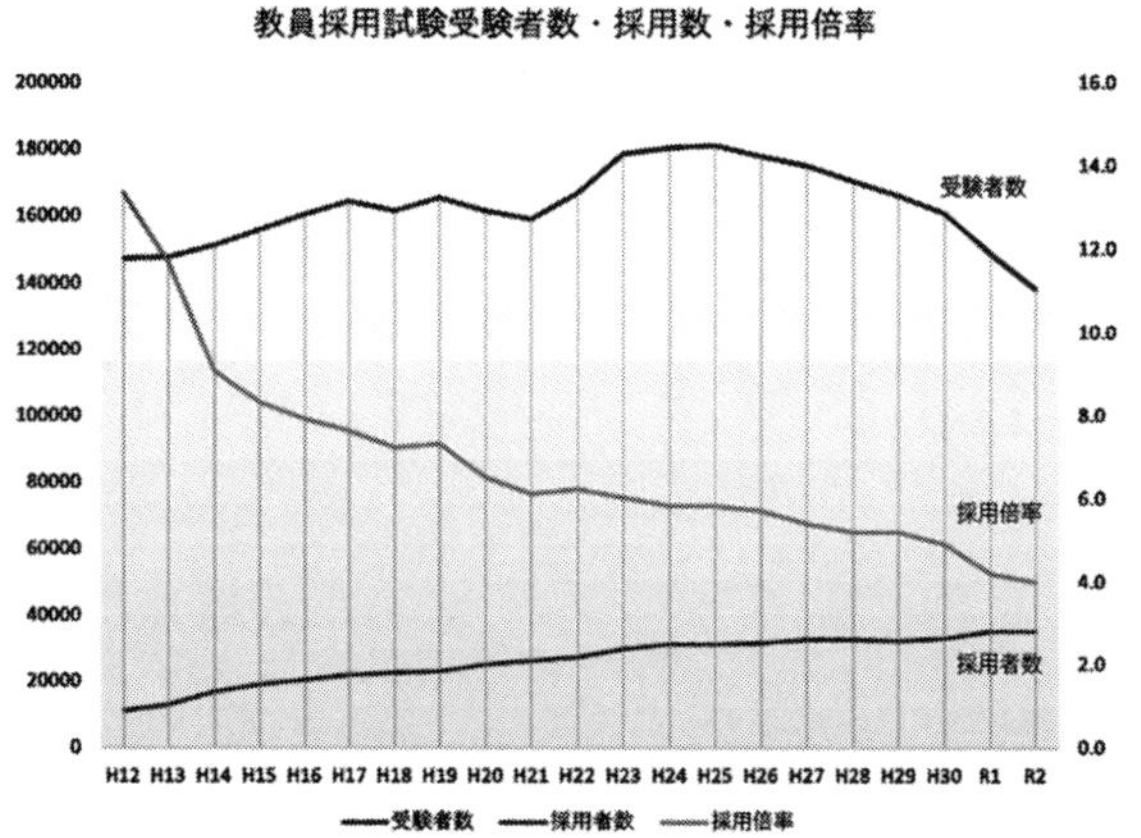

図2-6（令和２年度（令和元年度実施）公立学校教員採用選考試験の実施状況についてのデータを元に著者作成 <https://www.mext.go.jp/a_menu/shotou/senkou/1416039_00003.html>）

その内訳を見ると、新卒学生の志願者数の減少幅は小さく、既卒の志願者数の減少幅が大きくなっています。魅力的な職業とみられなくなっている可能性が高いのです。

その理由の一つに、公立学校の教員には残業代が支払われない仕組みがあります。１９７１年に制定された給特法[2]により、残業代の代わりに給料月額の４％が「教職調整額」という名目で支払われています。しかし現在、厚生労働省が「過労死ライン」としている月80時間を超える残業をこなしている教員は、小学校でも６割近く、中学校では７割以上もいます。給特法成立時の10倍以上も残業している教員が大半にもかかわらず、残業代は８時間分しか支払われていないのです。さらに給特法という法律によって、残業させても問題ないという風潮になっています。

働きがいが注目されている現代においては、やりがいを搾取するだけの仕事ではなく、きちんと結果に見合った対価を受け取れるような待遇と組織にしていく必要があります。

さらに必要なことは、先生になんでも頼りすぎるのではなく、家庭・社会・学校が連携して学びをサポートしていく体制の整備です。教育現場で魅力ある探究的な学びをするためにも、先生が古い慣習や、「やらなくてもよい仕事」に対応することはなくしていきましょう。最近、生徒が万引きをしてお店に謝りに行ったのが先生で、親は仕事で来なかったという記事を見ました。先生と親の役割はなんなのか。改めて考えるタイミングかもしれません。

2　《「公立の義務教育諸学校等の教育職員の給与等に関する特別措置法」の略称》教員の勤務態様の特殊性を踏まえて、公立学校の教員について、時間外勤務手当や休日勤務手当を支給しない代わりに、給料月額の４％に相当する教職調整額を支給することを定めた法律。昭和46年（1971）制定。

以上、「つまらない探究的な学び」になる理由と切り口を６つに分けて掘り下げてみました。いずれも、心当たりのある課題ばかりと、深くうなずかれたのではないでしょうか。

第３章　生徒を熱狂の渦に巻き込む「挑戦する教室」とは

熱狂の渦に巻き込んだ教室─長野日本大学学園「世界部」

それでは、前述したような「つまらない探究的な学び」はどう克服されたのか。まず、具体的なシーンを切り取って、教室と生徒が熱狂の渦に巻き込まれていった姿を紹介したいと思います。

私が支援している長野日本大学学園の「世界部」での事例です。

この「世界部」は小学校～高校まで多様な生徒が混ざり合って、「長野の魅力を世界に発信する」ことをめざす１００名規模の課外活動です。

丸山明日香さん、城西有紗さん、北村朋歩さん、山本乃愛さん、山中桜太郎さんの５人が、なんとなく面白そうと世界部に入ってきたのは、２０１９年11月のことでした。もともとＫ‐ＰＯＰなどが好きな彼女たち、その入部の目的は、野菜を小麦粉の皮で包んだおまんじゅうのような長野の郷土料理のおやきを世界中に広げることでした。そのため、まずは地元の銘店「いろは堂」のおやきを韓国で売ろうとしたのです。

私は、彼女たちのキャリア（将来のありたい姿）を知ろうと、彼女たちの話を聞くなかで、まだまだ方向性は明確になっていたわけではなかったのですが、最終的に国際協力や国際医療の言語的サポートがしたいと考えていることがわかり、少しずつ世界部でやってみたいことの方向性が見えてきて、同時に彼女たちと私の関係性が深まっていきました。

そこで私は、昔からお世話になっている岡山で教育事業を行う横山毅さんから、日本に来ている韓国人留学生（大学生）を教えている大学教授を紹介してもらい、彼女たちに引き合わせました。まずは韓国人留学生におやきを食べてもらい、おやきにどのような反応を見せるのか、小規模の市場調査をする課題を与えました。

この課題を出したことには理由があります。５人は共通して世界を舞台に仕事をしたり、チャレンジすることを考えていましたが、いきなり世界におやきを売り出すことはハードルが高い。世界中から来ている留学生と、実際に自分たちが扱うおやきを媒介にして交流することで世界におやきを売り出すことの現実味と可能性を感じてほしいと思ったのです。楽しい取り組みだと感じてもらいたいという思いもありました。

すでに新型コロナウイルス感染症が蔓延していた状況だったため、オンラインで教授からアドバイスをもらい、同時に、プロジェクトをサポートしてくださるいろは堂さんから試食おやきを提供していただき、実際に留学生に試食してもらい、味へのレビュー、活動へのフィードバックをもらいました。彼女たちは、さらに売れ筋をチェックすることと、オリジナルのおやきを開発して韓国で売れるものを生み出そうと今も活動を楽しんでいます。

この活動を紹介すると先生たちからは、「結構サポートが必要そうですね。どれだけ時間を割いたのですか」と聞かれます。私がサポートしたのは、大学の教授を彼女たちと繋ぐこととキャリアについて話したことだけですが、「結構時間がかかって、２時間程度です」と答えると、先生たちは、開いた口が塞がらないといった顔をしていました。

今では、おやきプロジェクトのメンバーは主体的に活動をするチームへと変貌しました。いろは堂さんの製造現場に行き、店舗での販売インターンシップ、オリジナルおやきの試作、いろは堂さんへの商品提案、商品企画部との打ち合わせ、オリジナル商品の原価計算と販売個数の設定など……。一度走り始めたらやることは山のようにあり、楽しく取り組めることはいくらでもあります。

その過程で、たくさんの問題が起こります。学業との両立、部員の活動頻度の問題、コミュニケーション不足など、挙げればキリがありません。しかし、それらはすべて、これからの時代をしなやかに生きていくために必要な学びのひな型なのです。そこを経て、探究的な学びに秘められた可能性が見えてきます。

おやきチームの活動をきっかけに、それを横目に見ていた他のチームの生徒たちがいろいろな活動を立ち上げました。七味唐辛子を世界に販売したいチームが新たに商品企画に取り組み、スパイスを活用した美容アイテムを開発したり、りんごチームが「年末りんご１００袋販売」イベントにチャレンジし、見事成功したりしました。

それ以外のチームに対しても、「お困りごとはありますか？」「今どんな話をしてたの？」と途中から話にまぜてもらい、活動をさらに有意義なものにする視点や視野を提供することを意識してサポートしています。

生徒たちがこのような活動ができるようになるまで、先生という立場の私は半年間かけてすべてをさらけ出し、一個人として彼らと関係をつくり、安心安全の環境をつくることにこだわり、どこへ向けて発信しても安心、失敗が怖くない状況をつくってきました。

生徒一人ひとりと向き合い、好きなこと、得意なこと、やってみたいことを丁寧に聞きながらその子に適した機会や情報を提供し、そのために自身が学ぶ必要があることを私自身も学んできました（りんごの種類や、スパイス、おやきにはとても詳しくなりました）。

生徒たちは異学年で学んでいるため、各チームの進度もまったく異なりますし、トピックも多岐にわたるので、こちらが準備する必要のあることも多いのですが、手伝うのは最初の助走のところだけで、その後は、呼び出される時以外は基本的に彼らを心の底から信頼して、任せています。

先生は必要なときに生徒から呼び出されるくらいがちょうどよいと思っています。必要とされたときに、私たち自身のチャレンジを通して、彼らに必要な示唆や問いかけ、出来事を提供する、もしくは一緒に冒険することが、生徒を熱狂の渦に巻き込むポイントだと考えます。

教室を熱狂の渦に巻き込む9つのステップ

それではいよいよ、「挑戦する教室」をどうつくり上げるのか、その９つのステップを次に紹介します。

step❶　自分の現在位置とビジョンを知る

自分の現在位置とビジョンを知ることが「挑戦する教室」のスタートラインです。ここではまず、生徒に自分自身の今と将来のありたい姿を知るきっかけを提供します。

このタイミングで、すべてが明らかになることはまずありえないのですが、学びの入口として、生徒が学ぶ目的を自分で設定できるよう自分自身を理解させる段階です。

まず、生徒の発達段階が浅いと自分の意思で行動することは少ないと考えてください。

そこで先生は、生徒一人ひとりがこれまで経験したことと、これから提供するカリキュラムを通じて獲得することのバランスを考慮する必要があります。

たとえば、具体的な経験が少なく、自分の言葉で話せるものが少ない小学生の場合には、具体的な体験をカリキュラムの中に豊富に織り交ぜます。これが大学４年生になると、今まで経験したことを振り返り抽象化し、自分の大切な価値観を取り出すような活動に変えます。

このように生徒の発達段階によって提供するカリキュラムは変容するのです。

また、どのような学びも自分自身のためにやっていると感じられることが重要です。そのため、自身のビジョンや目標、夢を達成するために、なぜこれが必要なのか、意味を見出せる状態にすると、生徒は学ぶ準備が整い、挑戦のスタートラインに立てるのです。

step❷ 重要な課題を用意する（やりがいの提示）

生徒たちの様子を踏まえて、先生が伴走しながら大きな理想であるビジョンを噛み砕いて目標を設定したり、重要な課題を設定することが必要です。このタイミングで、生徒が楽しそうと思えたり、やりがいを感じないかぎり、その後のステップに到達することはまずありません。

クラス全体を一つのテーマで網羅するカリキュラムにするなら、参加しているすべての生徒に関係する大きな概念で課題を設定する必要があり、難易度は非常に高くなります。先生自身が、生徒一人ひとりの特性を掴めていれば、個別最適に課題を用意するほうがいいのです。このときに渡す課題は、難しすぎても簡単すぎてもいけません。フローの状態に入れるために、楽しそうだし、やれそうだけど、意外と難しいというところがポイントです。

step❸ 取り組んでみる（とにかくやってみる）

考えてはいるけど、なかなか一歩が踏み出せないのはよくあることです。生徒が自分で取り組んでみる時間を提供し、先生は少し黙ってその様子をみていましょう。それでも一歩が踏み出せない場合は、とにかく実践させるか、生徒と一緒に踏み出してください。

踏み出す一歩が出ないのは、生徒本人に自分が実行するイメージがないからであることがほとんどです。しかし、その一歩が踏み出せたらこちらのもの。後は自身が持っている仮説や問題を明らかにすることで、他者と協働したり、フィードバックし合うカルチャーが教室内に少しずつ醸成され、生徒の実践は加速していきます。

step❹　優れた研究や先行事例を分析する（うまくいっているものから学ぶ）

すべての生徒に先行事例の研究を推奨してください。２時間程度時間を与え、自分と同じことを考えている人の中で世界で最も成功している事例を探し、彼らと同じか、もしくはそれ以上にすばらしいものにするために何が必要かを考え、実践のレベルを高めていけるようにサポートします。そうすることで、活動がよりクリエイティブになり、より複雑な課題にもぶつかります。先人の知恵に学ぶことがあると気づけば、本の虫になることもあります。

step❺　実践中はこまめにフィードバックをする（他者から学ぶ）

生徒が、実践を通じて、ファシリテーターもしくは同じ取り組みをしている生徒からフィードバックを得られるようにすることも大事です。step❸❹❻❼いずれのシーンにおいても、フィードバックをもらうと、よりよくなっていくことを実感させましょう。そうしてフィードバックの価値を認識させるのです。

フィードバックは厳しい側面もあります。相手に対しての提案の意味合いが強いフィードフォワードのほうが、発達段階が浅い生徒には適しています。状況に合わせて使い分けてください。

step❻　何度も修正する（探究サイクルを回す）

step❸〜❺を繰り返すことで、着実によりよい方向に向かっていきます。事実や科学的根拠を軸に学びを発展させることと、自分の手でその学びをかたちにしていく職人的なスキルの両面を身につけ、「わかった！」と「できた！」を個人の中に積み上げていくことができるのです。

step❼　やってきたことを壇上でアウトプットする（表現する）

自身のビジョンと、それを立証する科学的根拠、そして実践結果として自分でつくってきた成果を発表させます。できるだけ多くの人に来てもらい、そしてすばらしいゲストに来てもらうことで、発表の場における特別感を醸成するのもよいでしょう。

step❽　振り返りを通して、自分らしさを確立する（次世代リーダーの卵）

自分らしさを確立するためには、「振り返り」が大事です。それまでの経験から自分自身はこれから何をテーマに取り組むのか、そこで生かす自分らしさ（好き・得意）は何か、を考える機会をつくり、今後のビジョンを発表させるのです。

step❾　さらに重要な課題に立ち向かう（次世代リーダーとして社会に価値を出す）

必要な生徒には、さらに難易度が高い課題を、生徒自ら設定、もしくは、師匠に当たるメンターやコーチから提供します。そのことでより自分の旗を明確にし、自分の行いによって、まったく知らない第三者によい変化が起こることを経験させます。そうしたプロセスを通じて、他者から感謝される経験を積むことが可能です。この経験を通じて、誰かの役に立つ「社会人」として世の中に価値を届けることの意味を理解できるのです。

いつの間にか先生まで熱狂の渦に巻き込まれる？

いくつもの学校で出会う喜ばしいシーンがあります。それは、先生までが熱狂の渦に巻き込まれてしまっていることです。私も非常に驚きましたし、にわかに信じられないかもしれませんが、これにはとても興味深い力学が働いているのではないかという仮説があります。

そもそも、学校で新しいことに取り組んだり、一丸となって何かを始める際によく用いられるのが、「共通言語」や「共通認識」をつくることです。オーソドックスな方法ですし、先生方も納得して合意したものであれば、それに従って日々活動されるはずです。

しかし、このケースの問題点は、本当は言いたいことがある先生の声が隠れてしまうことです。声の大きく、権力のある人が言葉を発して合意を取りつけると、表面上はその「共通言語」や「共通認識」に沿ってやっていることになります。けれど本音はやりたくないので、結果として合意されたものがないがしろにされることがよくあります。委員会活動などでもそれに当たるものが散見されます。結果、本人が熱狂的にやるのではなく、「仕事」としてやることが前提となるので、先生本人の没入感はなかなか生まれません（もちろん、この合意の取り方や役割分担、参画の仕方が非常にうまく機能する共通言語・認識形成もあります！）。

この状況を一発でひっくり返す方法があります。

それは、「生徒たちが熱中している状況をつくり出してしまう」ことです。

一度、生徒たちが熱中すると、教室のいたる所で、問いが生まれたり、現状を明らかにするために調べ物をしたり、考え方を学んだり、実際に物をつくったりします。いつの間にか教室が挑戦であふれかえり、ある意味カオスな状態になります。

そうなると、担任の先生だけで事は済みません。他の科目の先生も含めて巻き込まれてしまうのです。

ある生徒が、水の濾過装置の製作に取り組んでいました。

インドネシアでは乾季になるとどんどん河川が枯渇して、水不足になります。しかも、川を流れている水は上下水道の不整備や土壌汚染の影響で衛生上の問題があり飲むことができません。インドネシアではほとんどの人が、ガロンウォーターという19リットルの大きなウォーターサーバーのようなものを日常的に使っており、それがゴミ問題や海洋プラスチック汚染に繋がっています。

ある生徒がこれを知り、「この問題を放って置けない！」と意気込んだ彼は、急に問題解決に没頭し始め、濾過の仕組みを知るために、生物・化学の先生のもとへ行って知識を吸収し、インドネシア人と英語でコミュニケーションが取れるよう英語の先生のもとで会話を勉強し、さらには濾過装置をつくるために技術の先生のところへ行き、地域の下水処理施設を訪問するために校長先生に助力を仰ぎました。

すると、先生たちは彼の活動に巻き込まれ、熱心にその生徒に自分の持つ知識や考えを伝え、実際に試作品を一緒につくったり、コミュニケーションする現場に通訳サポートとして入ったり、学校外の施設に交渉に行くなど、日常の授業では見せない姿を現したのです。

なぜ、このような現象が起こるのでしょうか。それは、「教員になる」と意思決定した先生たちだからこそだと私は考えます。世間からは、「ブラックだ」「不人気職種だ」などと言われることも多いのですが、私が出会った先生は、そんな周囲の声を押し切って生徒の未来をつくっていく教育現場に関わりたいと考えている素敵な方ばかりです。

そんな先生たちは、生徒が目を輝かせてなんとかしたいと思っていることを無下に扱うことはしないはずですし、生徒がその気になっているタイミングでその気を削いだり協力しない先生を私は見たことがありません。

たとえ最初は心躍らないことであっても、生徒が普段の姿と違って生き生きしていたり、楽しそうにしている姿は、先生たちにとってとても嬉しいものです。生徒の可能性が花開き、自立して自由な発想で取り組む姿は、誰が見ても、応援したくなるのです。

まるで運動会の最後を飾る選抜リレーのシーンのように、自分たちのチームを本気で応援する。そんなシーンが学校のいたる所で発生する。それが、「挑戦する教室」の効果なのです。

「Concept」ベースの学びをつくる

最高の学びとは何か。それに必要なことは何か。

それは、「生徒が学ぶときに、心の底から熱中できて、学ぶ過程と学んだ結果から、人生をよりよい状態に導くためのマインドもしくはスキルが身に付くこと」だと私たちは考えています。

1つ目のポイントは、

「熱中できること」。

どんなにやる気がない生徒であっても、自身にとってのやりがいや意味を見出せるかがポイントです。授業にやりがいを感じられずにずっと寝ている子がいたとして、それを放置することは、基本的にＮＧです。むしろ、「寝る」というわかりやすい反応をしてくれていることに感謝しましょう。そして、ぜひ、こう尋ねてみてください。

「どうして寝るという選択をしたのか。そしてどうしたら寝ずに続けられそうか」と。

寝るという行動は、お互いが同じ学びをつくることにその生徒が向かえていない証拠です。だからこそ、その授業や生徒本人の取り組み方をどのように改善する必要があるのかを一緒に考え、よりよい教室にしていくことが大切です。

私たちタイガーモブも、本当にさまざまな教室を経験してきました。そもそも学校の外から来て結果を出さないといけない状況にある私たちだからこそ、どうしたら生徒と短い時間で関係を構築し、熱狂できる教室をつくれるかを研究してきました。

先生以上に生徒を知る努力をし、ライブのように授業にすべてを捧げるつもりでやるからこそ、生徒は信じてついてきてくれます。信じて活動していく中で、楽しい、自分のためになっていると いう実感が持てると、生徒はどんどん熱中していくものです。

寝ている生徒を置き去りにし、学びの場に熱中させられないことは「挑戦する教室」にとって大きな壁になります。具体的には、「熱中している人をバカにする」という行為に発展する可能性が高く、教室内の心理的安全性が確保できません。

ですから、どんな生徒でも「それだったらやってもいいよ」と思えるような学びを設計する必要があります。ここが、先生の授業設計の腕の見せ所です。

残念ながら私がこれまで接してきた教科書や動画教材は、目的のほとんどが知識とスキルの習得に偏っているため、学ぶことに抵抗感のある生徒が内発的動機づけされるような学びが起こる可能性は低いでしょう。ですから、教科書を中心にやっていても難しいと考えています。

どうしたらいいのでしょう。

生徒一人ひとりが今熱中していることや、続けていること、ハマっていることなどをよく知り、その上で教室における学びの機会をつくる必要があります（ちなみに私は、小・中・高校では、生徒の「推し」をよく聞くことがあります。おかげで、アニメやK-POPにすごく詳しくなれました）。

熱狂する教室をデザインするためには、すべての生徒にとって関心のある「Ｃｏｎｃｅｐｔ」が欠かせません。Ｃｏｎｃｅｐｔ（概念）の定義は、「時を超越していること」「短いフレーズで表現される（2語以下）」「普遍的かつ抽象的」であるとされています。

この考えをより理解するには、H. Lynn Erickson,[3] Lois A. Lanning,[4] Rachel French[5] の『Concept - Based Curriculum and Instruction for Thinking Classroom』(Second Edition, 2017) を参考にさ

3 H・リン・エリクソン（教育学博士）、アメリカ合衆国ワシントン在住。「概念形カリキュラムの指導と設計」を世界中で実施する独立コンサルタント。

4 ロイス・A・ラニング（PhD）、アメリカ合衆国コネチカット在住のフリーランス教育コンサルタント。

5 レイチェル・フレンチ（教育学修士）、ドイツフランクフルト在住の国際教育者・教育コンサルタント。

れるとよいと思います。

私も実践する中で試行錯誤しましたが、学びにＣｏｎｃｅｐｔを据えると、すべての人の関心事（無関心という関心も）をカバーした学びの設計が可能であるということにたどり着きました。

たとえば、甲子園をめざす野球少年が、物理の授業は三年寝太郎だったとしても、運動の性質を学ぶ単元で流体力学がよりよく曲がるカーブの投げ方の理解に役立つことがわかれば、急に学びのスイッチが入ります。理由は、野球の試合に勝つために、武器になるカーブを習得したいからです。

生徒に「熱中できること（学ぶ意味）」がセットされた瞬間、時間を忘れ、周囲の雑音も聞こえないくらいの集中状態に突入します。これを教室の中にたくさんつくっていくことが学びをファシリテートする先生の仕事なのではないでしょうか。

２つ目のポイントは、

「学ぶ過程と学んだ結果でマインドとスキルが養われる」ということです。

ただ熱中していればよいというわけではありません。

学校の授業では、よりよい人生を送るために、授業で生徒一人ひとりに感じてもらいたいこと、知って会得してもらいたいことなど、何かしらの成果を出すためにお互い時間を使っています。当然、学ぶ過程と学んだ結果（最終成果）で狙ったマインドとスキルが身に付くことが重要です。

先ほどの野球少年の例でいえば、自分自身の今の興味関心に即したかたちで学びを捉え直すことに成功すると、次は「もっとカーブを曲げられるようになる」ことを目的にした学びに入っていくでしょう。「カーブが曲がる理由」を突き止めるために流体力学の基礎を学び、力とエネルギーの基礎を学び、身体の使い方を学ぶことで、結果としてカーブが以前よりも30%も大きく曲がるようになるかもしれません。

彼はその結果が得られたことで、科学的に学ぶことの大切さを理解し、学校における学びは野球に繋がるとマインドが変化したら、これ以上ない喜びです。同時に私たちは、彼が結果的に流体力学についてよく学べるようになるのは、この話の流れから見ても、当然だと理解できるのです。これが、コンセプトベースの学びを設定し、学ぶ過程と学んだ結果からマインドとスキルを身につけるということです。

実はこの構造は、授業だろうと部活だろうと、課外活動だろうと、学校の外に出ての仕事だろうとすべて同じです。

私たちも、最初から学びの効果的な活動や理論体系を知っていたわけではありません。試行錯誤を重ねて、こうした熱中できる学びや、「挑戦する教室」の体系を構想し、何か参考になる論理体系はないかと探したときに出会ったのが、ジョン・デューイの『学校と社会』と『経験と教育』、そしてエリクソンとラニング、フレンチの共著『Concept-Based Curriculum and Instruction for Thinking Classroom』(Second Edition, 2017) だったのです。どうぞ参考になさってください。

「Learning by Doing」と「Learning by Being Taught」

タイガーモブは、「見る前に跳べ！」というキャッチコピーを掲げるほど、とりあえず実践することを奨励する武闘派です（実際の授業では小さなトライと呼んでいます。いわゆる体育会系ではないですのでご安心を）。

私たちが「Learning by Doing」に出会ったのは、それこそ実践を通してのことでした。実践を通じた学びこそ次世代リーダーを生むために必要な活動ではないかとの仮説を立てて、私たちが向かったのは、アントレプレナーシップ教育が盛んなフィンランドの首都ヘルシンキから飛行機で2時間ほどの第三都市オウルでした。

そこで私たちは、小学校の先生、大学の教授、日本でいうところの文部科学省、教育委員会の人々、実際の生徒、教育を受けてきた社会人など多くの人と対話し、実際に行われている授業に参加して一緒に学びました。

そこで大切にされていたのが、「小さなトライ」という実践を経て、失敗から学び、何度もチャレンジするという学びのスタイルでした。

これを彼らは、「Learning by Doing」と呼んでいました。

「Learning by Doing」で最も感動したのが、隣国のエストニアへ行く修学旅行の航空券代を小学校５年生に該当するクラスの生徒が自ら稼ぐという取り組みです。

この活動では３つのことが大切にされていました。

１つ目は、自分が修学旅行に行く目的を設定すること（行きたくなければ行かなくてよい）。そうすることで、なんのために学ぶのかという、自分の中の内発的動機づけが可能となります。

それは、友達と一生に一度の思い出をつくりたいでもよいし、エストニアで学びたいことを自分なりに考えるでもよい。いろんな動機がそこには存在していました。この時点で、先生と親が何から何まで準備してくれて、限られた自由行動の時間をガイドブックを頼りに観光する日本の修学旅行とは違う感じがしました。

そして２つ目は、その航空券代を稼ぐ方法を自ら考えて実行することです。

あるチームは、オウル最大のショッピングモールの１階のフロアで募金活動をやっていました。別のチームは演劇をして、ショッピング中の人たちを楽しませることでお金を稼いでいました。そして、手先が器用なチームは、３Ｄプリンタと間伐材を活用してつくったネックレスやイヤリング、ピアスなどのアクセサリーを販売していました。こうしたお金を稼ぐ活動を通じて、自分の強みは何か、相手はどうしたら喜んでくれるのか、ものの価値とは何か、伝わるプレゼンテーションとは何か、という多岐にわたる学びが可能になっていると、私たちはとても感じ入りました。

最後に３つ目。この活動から生徒は振り返りをします。他のチームの動向なども気にしながら、自分たちがもっとよくできることは何だろうかと。そして、自分自身の内面との対話と、それを通じた自己認識を高める機会が用意されています。

翻《ひるがえ》って考えると、日本の小学生が、自分との対話の時間を取るのは稀だと思います。しかし、自己認識をとても大事にしているフィンランドは、自分自身と向き合う内省的な時間を設けています。しかも、教育にかかる費用は全額無償。日本のように現役で大学進学をめざして塾に通う文化もまったくありません。ゆっくり自分に向き合うことができています。

なぜ、フィンランドではこうした学びが当たり前になっているのでしょうか？

フィンランドは北欧の小国で、日本の倍の国土を持ちながら、人口はわずか550万人ほどです。日本でいえば、北海道の人口とほぼ同じです。

そうすると、当然内需は小さく、国を持続可能にしていくために世界で闘う必要があります。ですから、フィンランドの公用語はフィンランド語とスウェーデン語ですが、英語を話せる人口がとても多いのです。そして、ビジネスの世界では世界で勝負するのが前提になっています。

世界で勝負をするという前提が、自分の強みを磨くこと、自分は何者かを知ることを大切にしている理由なのではないかと、現地でさまざまな人と対話していて気づきました。フィンランド人全体が力を合わせ、そのネットワークの中でそれぞれが強みを発揮することで、世界で勝負できる国になることを指向している。そんな印象を受けました。

わかりやすい例として、34歳の最年少でフィンランドの首相になったサンナ・マリンを挙げましょう。

彼女はプレゼンテーションが得意です。そして、誰よりも強く政治をなんとかしたいというビジョンを持っていました。そして彼女の周りには、彼女にできないことができるタレント（才能がある人）がたくさんいました。だからこそ、彼女は世界に向けてプレゼンテーション技術を用いてメッセージを届けられているのです。

個性を伸ばし、自分自身を見つめる時間をつくった先に、最年少の首相が誕生したのです。そんなフィンランドの教育現場で、先生たちは15時には家に帰ります（当然生徒はもっとく早に）。私が驚いて、「日本の先生は、月に80時間も残業することがあるんだよ！」と話すと、「そんなに働いたら死んでしまう！　自分の時間はあるの？」と逆に驚かれました。

ところで、皆さんには体験から学んだ知見がたくさんあるのではないでしょうか。そして取り返しがつかないほど深刻ではなく、後でリカバリーできるような失敗経験もたくさん持っておられませんか。このような経験があると、人から教わったり、受動的な経験をするよりも高い確率で、物事を自分ごととして、自分の頭で考えられるようになります。

たとえば、私は料理が趣味なのですが、すごく頑張ってつくったスパゲティーが思ったような味にならず、家族からの非難の嵐に晒されることがあります。そのときにいつも、「悔しい、もっと上手につくれるようになりたい」と思います。

こうなると、自分自身、これはとてもよい状態だと感じます。なぜなら、こうなった次の瞬間には、学びのスイッチが入るからです。

実践を試み、失敗したとしても、感情を伴った経験は記憶に強く結びつき、その後の学びを吸収する土壌をつくります。

このように体験的に学ぶことは、その後の成長に大きなエネルギーを与えてくれるのです。

これで、「Learning by Doing」によって得られる学びの価値が高いことはおわかりいただけたでしょうか。

同時に、「Learning by Being Taught」という「教えてもらって学ぶ」こともたくさんあります。幼児が話せるようになるのは、親が言葉を伝達するからです。親のその活動なくして、言語の修得がスタートすることはありません。

ですから、理解する背景を持たなかったり、違和感を持つ理由がないもの、気づきが起こる余地があまりないものについては、教えてもらうことが最善の方法です。

このように、学びは大きく2つに分けられます。

その基準は、シンプルに「自ら学べるものか、否か」です。

「Learning by Doing」は、自らが行動を起こすことによって能動的に学ぶ方法。

「Learning by Being Taught」は、誰かに教えてもらうことによって学ぶ方法。

そこで皆さんにお聞きしたいのです。あなたのイメージする学びは、どちらでしょうか？

多くの先生方、保護者の皆さんがイメージする学校の授業は、「Learning by Being Taught」ではないでしょうか？

学校はどうしても「実践」することが難しい場所です。それは「実践」が必要とされていないこともありますが、教育が社会と距離がある場所に置かれてしまっているからです。

だからこそ逆に、タイガーモブは「Learning by Doing」にこだわりを持っています。すでに多くの学校ができる「Learning by Being Taught」を上書きするのではなく、学校にできることと私たちタイガーモブができること、その双方の長所を持ち寄って学びを構築する。それが生徒にとって価値が最大化する最良の方法と考えているからです。

そして、こだわりを持つ理由はもう一つあります。私たちがこれは最高の教室だと思うところには、ほぼ「実践」が存在しています。その確率が高いことを、これまでの経験則から感じています。

最高の教室には、実践がある

これまで私たちがみてきた最高の教室のほぼすべてに共通するのは、成果を自ら表現する機会があることです。これは、テストで成績を付けられるのではなく、自分が「これだ！」と思うものを表現できる機会であり、生徒のための自己評価の場になっている機会です。

たとえば、アメリカのサンディエゴ州にあるチャータースクール[6] High Tech High は、シェイク

6　州の認可を受けて設立される公立の学校。

スピアの演劇を国語と美術のミックスの教科科目にしており、最後に舞台をつくり、一人ひとりが役をもち、シェイクスピアの作品を演じます。

他にも、研究に没頭して論文を書く生徒、作者の心象を理解した上で印象画を描く生徒、理想のパソコンをゼロからつくる生徒、Ｗｅｂサービスを開発する生徒、外国人観光客を地域で案内したり、地域の特産物を世界に輸出したり……本当にさまざまな表現があります。

そして、そのすべてに共通しているのは、生徒自らが「実践」する場がふんだんに用意されていることと、その教室で学ぶ生徒は最高に楽しそうであることです。今この瞬間に没頭し、自分で考えて、自分で手を動かしています。当然、教室には失敗を笑う人もいません。頑張っている人が損をすることもありません。

まとめると、「Learning by Doing」の考え方を取り入れると、学ぶ過程と学んだ結果で、生徒は自らの成長に必要なマインドとスキルを獲得することができるということです。教室を熱狂の渦に巻き込むだけでなく、地域と繋がり、社会で学び、生きた学びを獲得することができます。また逆に、教室の机上での学びに意味を見出し、毎日の授業を楽しむ生徒も出現します。こうした状態をつくり上げるために私たち教育者は仮説検証を繰り返し、日々の実務に当たる必要があると、強く思うのです。

「Actualization（具現化）」が財産となる

「Actualization」。耳慣れない言葉かもしれませんが、「Actually」と言われたら、聞いたことがある方も多いでしょう。英語のコミュニケーションでよく使われるフレーズで、「実際に」という意味で使われます。その名詞が「Actualization」であり、「具現化、実現」と訳すのが適切でしょう。

つまり、何かしらの「かたち」にすること。最高の教室の共通要素でもあった「表現すること」を意味します。

「Learning by Doing」の実践から学ぶプロセスを活用して、すべての関係者に、この「Actualization」できる力を身につけてもらいたいと私たちは考えています。そしてそれが、すべての人にとってかけがえのない財産になると確信しています。

それでは、「Actualization」の実例を示す前に、そのことを困難にしている日本人の心理的・行動的マイナス面を少し考察してみましょう。

こんなジョークをご存じでしょうか？

「国際会議で、一番難しいのはインド人を黙らせることと、日本人に喋らせることだ」

私自身、職業柄海外の方とのやりとりが多いなかで、「お前は英語は下手くそなのによく喋るから珍しい日本人だな」と幾度となく言われたことがあり、英語もちゃんと勉強したほうがいいなと思うときもあります。事実、海外の大学に進学する日本人の退学理由の一つに、意見を求められる授業で、意見を言うことに慣れていないのでつらくなったというものがあります。それほど日本人は、自分の意見を述べることが苦手なのです。

その背景にあるのは、「間違えることは悪いこと」という文化形成と集団主義的な考え方が色濃く残っていることです。

「間違えることは悪いこと」と思うことは、私たちはなにげない瞬間にも人を評価しているということです。その評価によって、自分の好き嫌いや得意不得意よりも前に、人から悪い評価を受けないような行動を優先してしまうことが往々にしてあります。

算数のテストで0点を取ると叱られるキャラクター、できないことで怒鳴られる部活動、いたる所で評価されており、いつの間にか「間違えることに怯える」ようになってしまいます。教室でも同じようなことが起きています。

それでも小学生のうちは、間違えてもとりあえず何か言いたい！　という雰囲気があるのですが、いつの間にか勉強のできる人が勉強が苦手な人を小バカにする雰囲気が出てきたり、個性の違いで優劣をつけるような空気が醸成されます。仮に自分の得意があったとしても、得意が不得意にならないように、何も発言しない。不得意な人は得意な人から馬鹿にされることを避けて発言しない。

こうした教室の姿は日本中でよく見られます。ゆえに、中学、高校と年齢が上がるごとに、手を

◉自分には長所がある

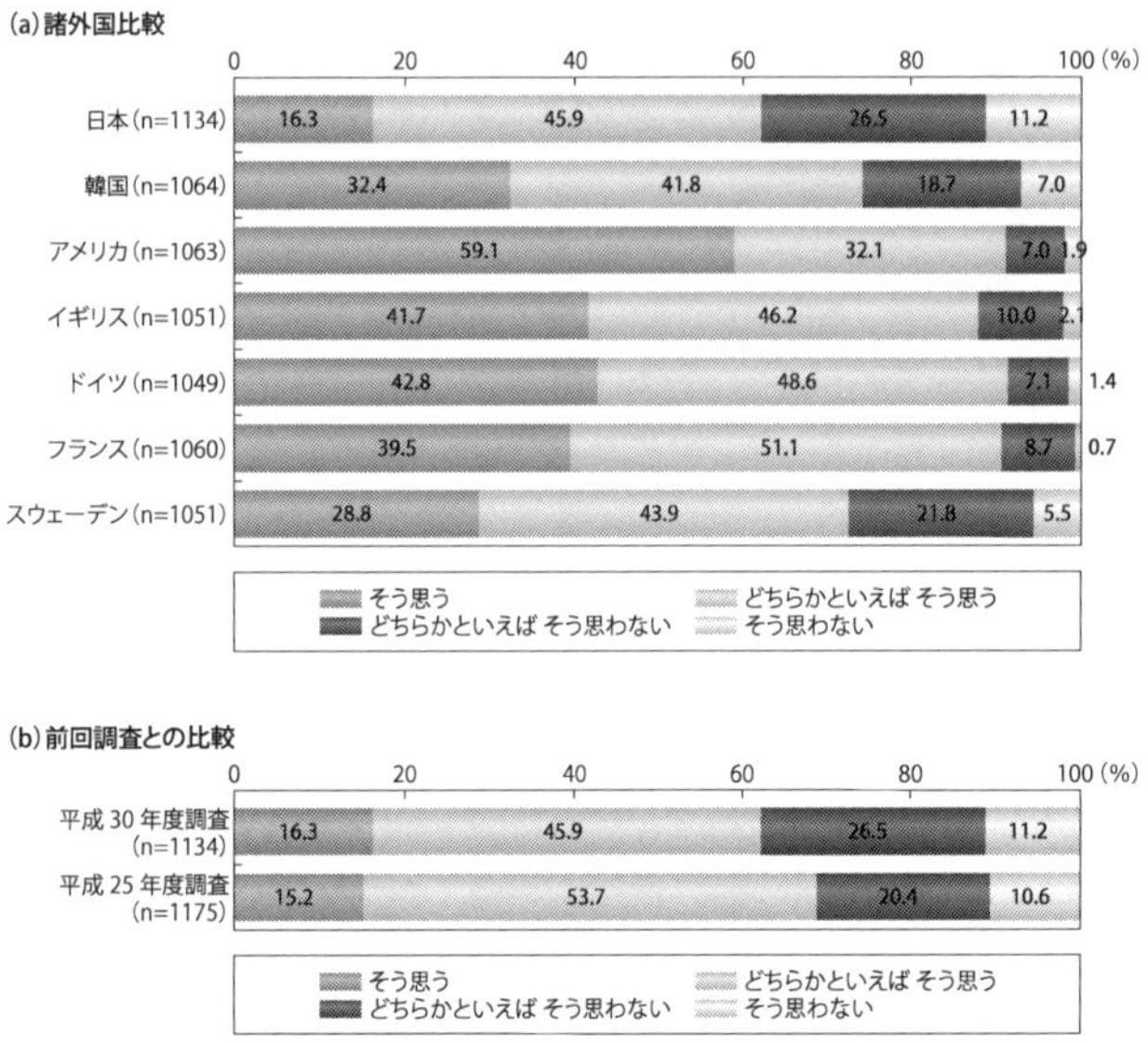

図3-1 令和元年版　子供・若者白書（全体版）
<https://www8.cao.go.jp/youth/whitepaper/r01honpen/pdf/b1_00toku1_01.pdf>

挙げる人数は加速度的に減り、最終的に先生が指名しないと誰も手を挙げない。手を挙げるやつは「空気が読めない」と後ろ指さされる。意見を述べることに対して閉鎖的な環境がいたる所で見受けられます。

また、日本特有の問題としては、作家、山本七平先生の著書『「空気」の研究』にもあるように、私たち日本人は、「空気」に支配されています。

「『空気』とはまことに大きな絶対権を持った妖怪である。一種の『超能力』かも知れない。」「この『空気』なるものの正体を把握しておかないと、将来なにが起るやら、皆目見当がつかないことになる。」と山本先

◉異文化間のコミュニケーションの違い

日本人は諸外国に比べて、非常にハイコンテクストな文化である。

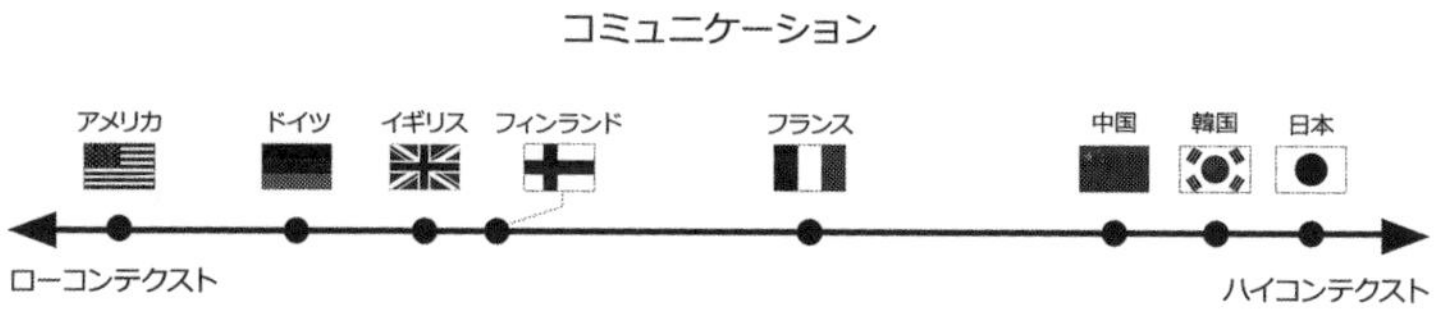

図3-2　PwCコンサルティング「日本人の自信を高めて幸福度向上につなげるための教育の在り方（図表4）・2021年7月3日」とエリン・メイヤー著『異文化理解力』（英知出版）を参考にPwCコンサルティングが作成

生は論じています。

ここから私が思うことは、空気に支配されてしまったほうが楽だということです。意見を言わずにその場が過ぎ去ってくれたら楽。自分は責任を負わず、やり過ごすことができる。そうすると、本当は違うと思っていても、あれよあれよという間に自分がそうしたくない方向に流れていってしまうこともある。集団でいるということは思考の機会を奪い、自らの意見を考える機会をなくすことにも繋がっているのではないでしょうか。

そこで、日本人の自信のなさと表現の少なさを表すデータを紹介します。

図３‐１は、内閣府が行った各国の青少年へのアンケート調査結果です。これでわかるように、日本人の青少年の自信のなさ（自分自身に満足していない）は、群を抜いて高いようです。

さらに、次の図３‐２「異文化間のコミュニケーションの違い」からも日本人の表現に関わる特性が見えてきます。

図3‐2の「ハイコンテクスト」とは、言葉以外の表現に頼るコミュニケーションの取り方のことです。

いわゆる阿吽《あうん》の呼吸、言わなくてもわかる、以心伝心みたいなものです。

これらふたつのデータを重ね合わせて見えてくることは、「話さない、表現しないということが、自信のなさに影響を与えているのではないか」という仮説です。

グローバリゼーションが進み、自分の意見をはっきり言うローコンテクストの国の考え方がエスタブリッシュメントされているなかで、日本はその対極に位置しているのです。あえて言いますが、今の日本は、世界の中でマイノリティ化し、自分自身の自信を失いやすい傾向にあるのではないでしょうか。

「Actualization」しないと価値があるかどうかわからない

ＶＵＣＡの今の時代、外部環境が目まぐるしく変わり、企業の多産多死が当たり前のような市場競争環境が現出しています。

思考と実践のサイクルでもＰＤＣＡサイクル（Plan/Do/Check/Act）はもう古いと言われ、ＯＯＤＡループ（Observe/Orient/Decide/Act）が大切とされるようになっています。変化が早い時代だから、とにかくすぐにやってみて、そのなかで法則やチャンスを見つけ、かたちにしていくことが重要視される社会になっています。

つまり、「Actualization」しないと価値が認められないのです。環境的にも常に新しいものがどんどん生まれているなかで、考えているだけ、思っているだけでは、価値があるかどうかの判断をする機会にすら恵まれない状態になっているのです。

◉ルワンダのスタートアップ企業「Zipline」がドローンを飛ばす様子

図3-3（筆者撮影）

わかりやすい事例として、アフリカのルワンダに、ドローンで輸血バッグを運ぶ「Zipline」という企業があります。

日本人的な感覚としては、「輸血をドローンが運ぶなんてありえない！」と思われるかもしれません。しかし、場所はアフリカ。川が増水すれば対岸に車で渡れないこともしばしば起きます。どれだけ急いで輸血が必要であっても陸路では向かうことができません。また、舗装されていない道や、スピードが出せない道も多くあります。輸血が必要なシーンは、待ったなしの状況なのです。

そこで生み出されたアイデアが、「ドローンで、輸血バッグを運ぶ」でした。そして、急ピッチでサービスがつくり上げられ、多くの人の命を救っています。アイデアをかたちにするのが遅かったら、もっと多くの命が失われていたかもしれません。それだけスピードが求められる状況が世界には当たり前のようにあるのです。

たとえば、ブロックチェーン、AI、ロボティクス、メタバースなど、さまざまなテクノロジーの開発が凄まじいスピードで行われ、同時に世界情勢が不安定になり、原油価格や資材価格は高騰し続けています。

計画を立てていても、それがあっという間に前提から覆ることが当たり前のようにあります。そんな世界だからこそ、スピーディーに具現化していくことの重要性が高まっているのではないでしょうか。

「Actualization」するとアウトプットにフィードバックをもらえる

ここまでの流れを振り返りつつイメージしていただきたいのですが、日本人はフィードバックを受け取ることをとても嫌がります。嫌がり方も極端で、企業の人事評価の際に「フィードバックをする」と表現するだけで、「怒られる」というようなイメージを持つ人がいるほどです。

一方で、海外の方とコミュニケーションをしていると、フィードバックをもらうことをとても大切にします。彼らは自身のアウトプットや考えに足りない視点がないかを知ることを目的にしているように思います。

両者のこうした違いを見てもわかるのですが、私の知っている海外の方は、自分の「考え」や「アウトプット」に対してフィードバックをもらっていると認識しているのです。つまり、自分の考えを自分とは違う別物として扱っているのです。

攻撃されて人格否定のように感じる私たち日本人だからこそ、やはりアウトプットして何かのかたちで表現することが大事ではないかと私たちは考えています。そうすることで、よいことは褒められたと感じて自己肯定感を育むし、悪いことは、自分を攻撃されているのではなく、表現したものを盾にして受け止めることができるのです。

どうでしょう、少し角度を変えると、こうした見方もできるのではないでしょうか。

自己肯定感を高めるために必要なのは「Actualization」

自信、つまり自分自身への愛着や満足度は、自分が表現したことを肯定されることで培われていくと私は考えています。

日本独自の高度なコミュニケーションカルチャーはあるものの、そのよさは侘び寂びの文化として認識しつつ、これから世界を舞台に活動していく若い世代は、思っていることをどんどんかたちにして、ポジティブなフィードバックをもらうことで、自分の存在を肯定したり、自分自身の得意を見つけたりする機会を養っていくことが重要だと考えます。

わかりやすい例として、日本でも増えてきたＩＢ（国際バカロレア）や、モンテッソーリ教育などのオルタナティブ教育の現場は、空気に支配されないようにするためかクラスの人数が少なかったり、それぞれ自分自身のプロジェクトを持っています。この相関は今後私自身も研究してみたい対象です。

つまり、日本の若者の自信のなさを解決するためには「Actualization」が鍵となるのです。

そうした、表現の機会をタイガーモブは大切にし、その力を身につけられるように学びをサポートしています。

越えられない壁を超えるための学び

そして、「Actualization」が必要なのは何も日本人だけではありません。

私たちは海外での事業展開をスタートさせていますが、「Learning by Doing」という実践的なプロセスを通じて実感することは、「Actualization」を身につける機会は、世界共通で必要ということです。

たとえば、インドネシアでは、現地でサステナビリティを生業とする企業とコラボレーションしていますが、そこの社長によれば、「小学校しか卒業していない人がインドネシアにはたくさんいる。農家の収入は1日1ドル程度の家庭も多い」という状況なのです。

皆さんがよく飲んでいるコーヒーやチョコレートの原料となるカカオはいくらフェアトレードといっても、かなり安い金額にしかならないのです。

そうすると、自分が明日のご飯を食べるために稼ぐしかないため、嫌でもぐるぐる同じところを回り続ける生活をせざるを得ないのです。いわゆる貧困のスパイラルから抜け出せない状況になっています。ですから、子ども本人がいくら学びたくても、学ぶための情報にアクセスすることができません。

でも、そのスパイラルから抜け出そうとしている、頭の回転も早く、好印象な人たちはたくさんいます。私たちは、そうした人たちに資金的な援助を行い、事業としてかたちにする機会を提供することで、第三者からさらに大きな投資がつき、より大きなインパクトを起こすきっかけとなる活動を始めています。

私たちは、自分の想いや考えていることをかたちにするための余白を提供することで、新興国の若者に「Actualization」を身につけ、格差を超える機会を届けたいのです。

人は誰でも生まれる場所を選ぶことができません。その結果、生まれた場所や環境、境遇によって、どうしても越えられない壁に遭遇してしまうことが少なからずあります。これは紛れもない現実であり、綺麗事では解決できないのです。

しかし、そこに私たちが「Actualization」を身につけられる機会を提供し、彼らがオーナーシップを持ってそれを実践することで、彼らの生活が１８０度変わるようなサポートができるのです。

文字通り、かけがえのない財産となる「Actualization」する力を手に入れる機会をすべての人に届けることで、社会全体をよりよい方向に導くことができるのです。

私たちタイガーモブは常にそう信じて事業を展開しています。

第４章　困難と感動の交差点「挑戦する教室」

失敗が怖いのは当たり前

私たちが学びをサポートするとき、その教室の初期状態は「失敗することが怖い」であふれています。それもそのはず、私たちは崖から飛び降りるような挑戦機会を提供したりしますし、ほとんどの子が「失敗＝悪」という認識になっているため、失敗することの恐怖につきまとわれています。

これは心理学的な見地からも説明ができます。人間はもともとネガティブになりがちな性質を持っています。はるか昔の縄文時代、人間が狩猟・採集生活を送っていた時代を思い浮かべてみてください。人間には、生き抜くための知恵や道具があまりありませんでした。危険な動物や毒性のある植物、腐敗した食べ物などから身を守り、生き抜くためには、リスクや問題点を洗い出して迅速に対処しなければなりませんでした。ですから、人間はあらかじめネガティブな情報を認識してリスクを避けるようプログラムされているのです。これはある種のサバイバル・スキルともいえると思います。

他の理由もありこちらのほうが厄介です。それは、いわゆる他者からの「評価」によるものです。私たちは、意識せずとも常に何かを評価しています。つまり、日常的に誰かと比較しているのです。ランキングが大好きだったり、成績の順位を見せることに抵抗感があったりします。そして、その相対的な比較、つまり、優劣に一喜一憂するのです。

その結果、教室で手を挙げる生徒がどんどん減少することや、簡単に「わかりません」と言うことで、自分が発言し表現するシーンを回避する行動に繋がっています。

これは、かなり悩ましい現象で、今やSNSの普及などもあり、相対的に世界と比較される瞬間が20年前と比べ物にならないほど多くなっています。現代を生きる10代からすると、今の20代や30代の人たちは、のびのびと自己肯定感を育める環境にあったように見えるでしょう。インターネットも現在ほど普及しておらず、今のような情報の波に飲み込まれずに済んでいたからです。今から20年ほど前は、自身が所属する学校の中で頭がよいとされていれば、相対的な評価をされる世界でも、自己肯定感を高くキープできました。

しかし今、グローバリゼーションとインターネットの普及によって世界に触れる機会が劇的に広がったため、同世代の天才的なリーダーを知る機会や、現実の厳しさを知る機会が増え、逆に自分自身を認めたり、褒めたりする時間が格段に減っているのではないかと危惧しています。相対化された世界の拡張によって、自身の社会における位置付けが低下し、自己肯定感が下がる。その結果、自信や、行動する気力をなくしてしまう。社会から否応なく突きつけられる「評価」という刃は、子どもたちの自己肯定感を削ぎ落とすことに繋がっています。

その結果が第１章にあるアンケート内容（図１‐３）に繋がっています。

「失敗＝悪」の構造は私たちの前に立ちはだかっています。それが、今の社会システムや私たちの日常生活にあまりにも浸透しすぎており、なかなか脱却するのは難しい状況です。

だからこそ、私たちは具体的な経験を通じて、失敗の認識を書き換え、「なんだ、失敗しても意外と大丈夫じゃん」となる状態をつくることを大事にしています。

それ以上に失敗したくない大人たち

私たち大人の世界も、失敗したくない人たちであふれています。現に私も、失敗が大好きかというとそうではなく、当然嫌なときもあります。自戒の意味も込めて言うと、大人のほうが子どもたちより失敗したくないのかもしれません。それは、大人のほうが失敗から生じる出来事を想像でき、現状より悪くなるリスクを避けたいからです。そうすると、足が止まり、次の一歩が出ないことが多くなるのではないでしょうか？

仮にそういう考えの人が学びをデザインした場合、失敗をしたくないため教科書を指示通りに進めておけば問題は起こらないと考えるでしょう。しかしそのような学びの機会は、生徒たちにとって心揺さぶられるものになるでしょうか？　さらに問いたいのは、この考え方で生徒が前向きに挑戦的になる可能性はどれほどあるでしょうか？

そのような授業では大きな驚きや大きな感動、気づきがある学びにならないと思います。あくまでも物事が問題なく進んでいるだけで、そこに感情の抑揚や心が揺さぶられるような体験は起こらないでしょう。

私自身は、スタートアップ企業から何十万人が働く大企業までさまざまな場所で働く機会を得ました。そこでさまざまなシーンに出会いましたが、上司の顔色を窺って仕事をしている人の提案ほど退屈なものはなく、一方で、社会をよりよくしたいと願い、世の中や顧客を見つめて自分の言葉で話している人のプレゼンテーションは、非常にワクワクするものがあり、とても有意義な時間でした。

職業柄、理事会組織がある学校の理事さんと話すことも多いのですが、「未来にワクワクするような議案が上がってこないんだよね。だから、理事もお飾りみたいになってしまうことがある。もっと先生たちが実現したいことを、たとえお金がどれだけかかろうが、案に上げてくるようになると嬉しいよね」と話されていました。

子どもたちの発表の機会でも、子どもが失敗しないように、形式や発表の仕方を綺麗にするような指導をするのではなく、たとえどれだけ稚拙なプレゼンテーションであっても、取り組みを始めた想いや、取り組んだ過程で自分はどのように考えて改善してきたかがうかがえることが非常に大切ですし、そこに活動を続ける動機が芽生えるはずです。

子どもを子ども扱いするのではなく、一人の人間として、私たちは向き合うべきです。私たちの想像を超える記憶力と考え方、ときに厳しい眼差しで私たちは見られています。私たち大人が現状維持や後ろ向きな気持ちで取り組めば、そのまま、失敗したくない子どもを量産する大きな要因になってしまいます。

なぜなら、子どもは真似て学ぶからです。

「不確実で未来が予測できない時代が来る！」と大人が叫ぶのであれば、その時代をどう生きるのかを背中で語れる人が増える必要があります。

生徒に生き方を考えさせる前に、「私たちはどう生きるか」を考えるべきです。

知っているけど表現できない生徒が量産される学び

失敗するのが嫌で失敗を避け続けた結果、人の認識はどうなるのでしょうか。

たとえば、勉強はするが、テストの結果は誰にも見せない。たとえ見せたとしても、成績上位者以外は「嫌な気持ちになる瞬間」と認識されているのが現状ではないでしょうか。

本来、テストというのは到達度を本人がチェックするためにやるものです。しかし、成績のつけやすさという観点から、先生が生徒を評価するための道具にその役割が変わっているように思えます。

生徒も、できなかったことを嘆くのではなく、失敗した理由を特定して、改善できればそれでよいことです。だから、改善しているかをチェックするために追試があると捉えればいいのです。

しかし、多くの教育現場でこのような状況はつくり出せていないと言っても過言ではないでしょう。

多くのカリキュラムは、その良し悪しの議論は置いておきますが、「評価」をすることを目的として構築されています。その評価をするために、教科書の学びを進め、その範囲の到達度を測ります。生徒も、履修はしているが習得しているかどうかは、テストのとき以外は問題にされません。

表現することに生徒がメリットを感じられず、失敗することの恐怖に支配されている環境では、勉強はできるけど、現状批判ばかりする評論家が増えてしまいます。結果的に生まれるのは、「知っているけど、表現することを避ける生徒」、つまり頭でっかちな生徒が量産され続けます。

新しいことへの挑戦を避けることで、批判され嫌な思いすることもない、快適な空間で生きることができるのです。

インターネットの普及によって、情報の取捨選択の自由度が高まっていることも後押しした結果、そこそこ勉強ができて、損をしない生き方が選択される構造ができ上がり、安定した職業や生き方を志向する内向きのマインドセットができあがるのです。

——こんな状況は望まれているのでしょうか。

それは私たちが生きる現実社会とも逆行しているのではないでしょうか。

現実社会では、さまざまな問題が日々起き続けています。紛争や、水不足、温暖化、貧困、差別など現実社会の問題は、頭で考えて解決できるような簡単な問題ではありません。複雑化した社会の中でタックルしないといけない問題は、想像もできないようなアイデアや技術を生み出し、人と向き合い、率直な意見を交わし、自分にできるベストを尽くしてようやく解決できるようなものばかりだと思います。

◉『学校と社会』(ジョン・デューイ)

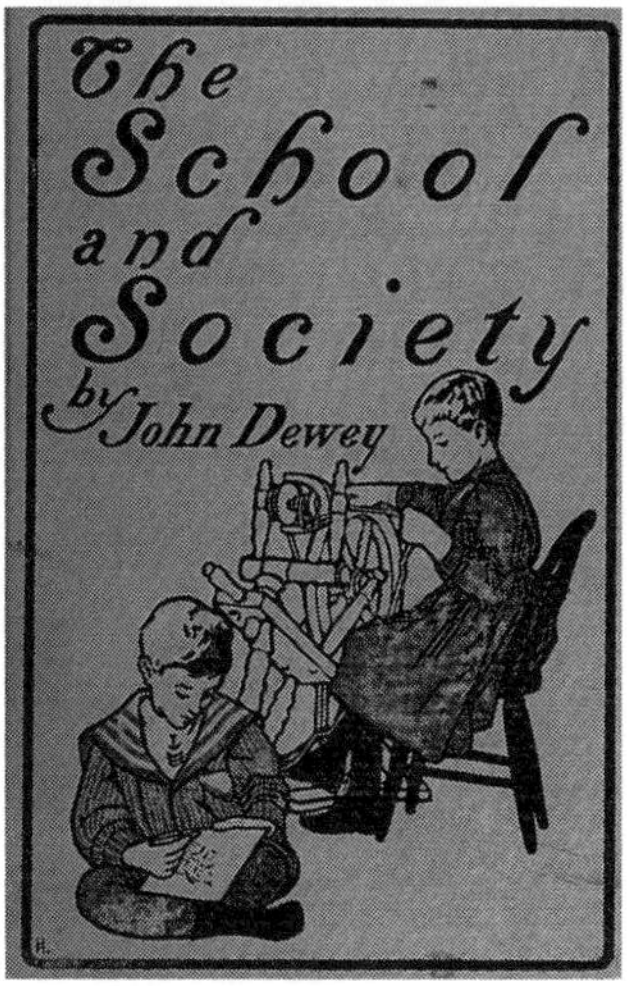

図4-1

アメリカの哲学者ジョン・デューイはその著書『学校と社会』(図4-1)で、現実社会と密接に結びついた教養を志向し、学校の中で直接的な体験を通じて生活の意味や価値を増大させる学びの大切さを説きました。また、「仕事」を通じて概念や知識だけでなく、生活や行動のレベルまで経験を上書きすることが豊かな想像力と自我を育むと述べています。

デューイが生きた時代は、社会全体が農業社会から工業社会へと急激に変わっていった時代でした。そんな中で、工業社会の飼い犬のような存在になってほしくない、工業社会にあってこそ、さらに人間らしい生活を営むための学びをしてほしいというのが彼の願いだったのだと思います。

思うに、現代社会も似たような状況なのではないでしょうか。

工業化というよりは、テクノロジーを主体とした情報化社会の急速な発展に伴って、私たち人間は、その情報化社会に飲み込まれそうになっています。

今、探究的な学びが注目されている理由は、「テクノロジーの進歩で人間の存在意義が失われかねないなかで、どこよりもまず教育現場が率先して、テクノロジーを使いながら、より大きな価値をつくる人間を育てる場になってほしい」という願いが大きな社会的要請になってきたからではないでしょうか。

何より教育現場で生徒の「できた！」を増やしていくことが大切で、私たちが「Learning by Doing」を重視するのは、教育の現場からこうした社会の実践者（真の社会人）を増やすためでもあるのです。

実践から生まれる「好き」と「得意」

では、生徒の「好き」や「得意」はどのようにして生まれてくるのでしょうか。

これは、本当に簡単な話で、実践することから生まれてきます。断言しますが、実践することなしに好きなことや得意なことは生まれません。

少し簡単なワークをやってみましょう。０～10歳ころの好きだったものを思い浮かべてみてください。

私は、電車が大好きでした。見ることも、乗ることも、鉄道模型を組み立てることも大好きでした。きっかけは、家の近くを寝台特急北斗星が走っていてかっこよかったから。毎日のように近くの踏切まで見に行きました。ボロボロになるまで鉄道の絵本を読み、お年玉をもらうとすぐに鉄道模型を買い、自分で組み立てていました。当時の私の部屋はいつも青いレールが床に散らばり、模型電車が走っていました。当時の私の夢は、鉄道模型のショップの店員さんでした。

何かを知ることで興味関心を掻き立てられることはありますが、そこから先に進むためには、自分で調べ、行動する必要があります。そして、先に進んだところでのめり込むほど好きなものができ、実践すると、その人らしさである「違い」が生まれ、「中村さんといえば、電車オタクで電車の早押しクイズが上手」といった特徴が生まれ、その特徴をプラスの方向に磨くことで得意になることが出てくるのです。

もうひとつ、別の角度からのちょっとしたワークです。

「好きな食べ物」を思い浮かべてみてください。

今思い浮かんだもので、まだ食べたことがないものはありますか？　おそらくないはずです。概念や認識だけでは、「美味しそう！」と思うことはあっても、「好き！」までに到達するのはなかなか難しいはずです。なぜなら、食べていない（行動してない）から、想像も判断もできないからです。好きなキャラクター、好きなアイドル、好きな場所など、好きという価値判断軸があるものは、すべて経験則から出てきており、やってみないとわからないものなのです。よく「好きに勝る才能なし」という言葉を聞きますが、その才能を発掘するためにも、実践的な経験が大切です。

次に、「得意」についてはどうでしょうか？

たとえば、サッカーを思い浮かべてみてください。

なんとなくかっこよくて、やってみたいなと思って入部したサッカー部。今までボールを触ったことも、蹴ったこともなかったけど、コーチに教わりながら、実際にやってみると、パスやシュート、ドリブルがどんどんうまくできるようになり、なんだか楽しくなってきます。

1年も経つと、他の部活に入っている友人よりも少しは上手にできるようになっている自分の姿がイメージできるのではないでしょうか？

大会で優勝したり、優秀選手に選ばれることもあるかもしれません。最終的に小学校6年生の卒業アルバムの特技には「サッカー」、将来の夢は「ワールドカップで優勝」なんて書けるようになるのではないでしょうか。

また、あまり好きではないピアノも、週に1回レッスンに通い、1年も経つといつの間にか弾けるようになったりします。習っていない人と比べると、うまくできることがわかり、意外と得意なのかも？　と勘違いすることもあるかもしれません。

実際に、20時間程度練習すれば、やっていない人よりも圧倒的に上達するという実験結果をＴＥＤ[7]で観ることができます。興味がある人は、「The first 20hours」で検索してみてください。プレゼンテーターが最後にウクレレの弾き語りをするととても面白い動画を観ることができます。

自分のなかで、「やったことがあるもの」として認識したものの中からしか、「得意」になるものは出てきません。これを簡単に図示したものが、図４－２です。

人は一人ひとり「違い」という名の個性を持っています。同じ人など一人としていません。だからこそ、その「違い」が「特徴」となり、それを磨き上げると「得意」に進化していくのです。

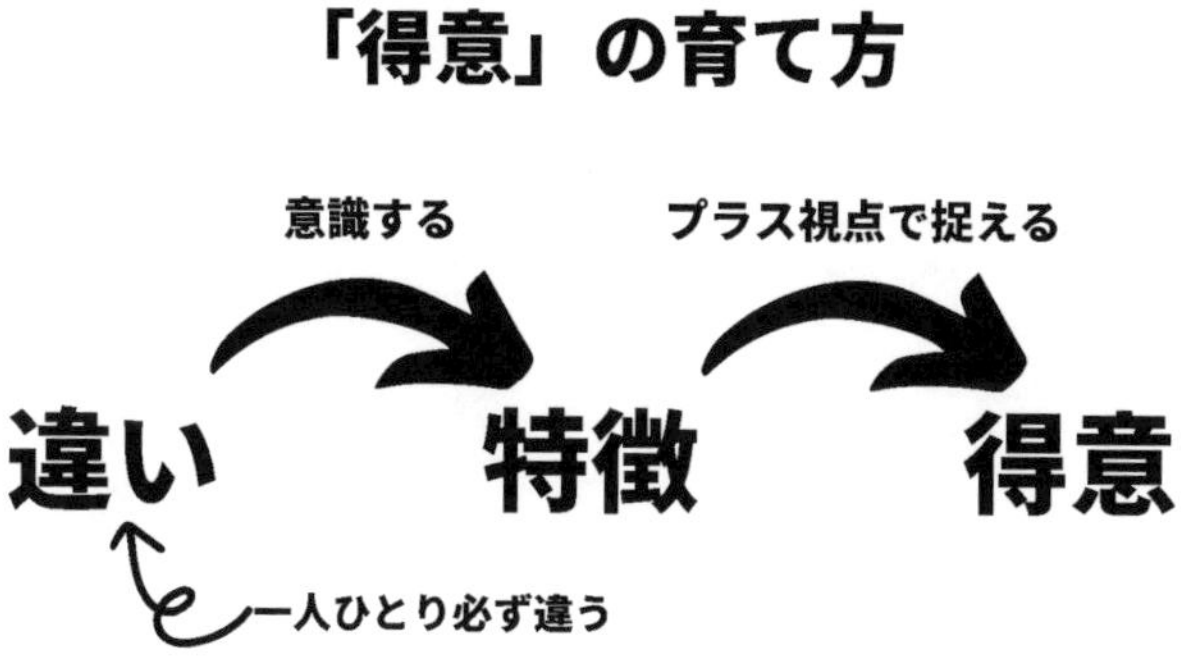

図4-2（筆者作成）

7　ＴＥＤはアイデアを広めることに専念する非営利団体であり、通常は短くパワフルなプレゼンテーション（18分以内）の形で行われている。ＴＥＤは１９８４年にテクノロジー、エンターテインメント、デザインが集結した会議として始まり、今日では科学からビジネス、世界規模の問題まで、ほぼすべてのトピックを１００以上の言語でカバーしている。

「好き」と「得意」。自分らしさを表現するときによく使われるこの2つの概念は、必ず「実践する」という行動を経ないと生まれないのです。

そしてこの2つは、自尊心や自己肯定感を高めるために非常に大事な要素でもあるのです。将来どうなりたいか、何に挑戦してみたいか、どんな社会にしたいか。そんな問いに挑む際に、必ず自分自身ができたことや、やっていくなかで得られた気づきを軸に考えていくはずです。

「自分がやった」という手応えが人生の財産になる

当たり前のことですが、「やってもらった」と「やった」は全然違います。

親に手伝ってもらったことや、友達と一緒にやったことが、あたかも自分がやった経験のように語られることがありますが、その主体が自身か否かで意味合いはまったく異なります。

その証拠に、私が採用担当をしていたときに面接でよく聞いたのが、取り組み全体で出した結果に対して、自身の役割と果たした結果を出すためのプロセスです。

その答えに、自分の意見や意志、葛藤や苦悩が反映されていると非常にすばらしいと感じますが、言われたことを機械的に処理し、実は自分はその結果を出すのを見ていただけでやっていないこともけっこうあります。

社会に出てから自分で考えて行動してやり抜けるかどうか、行動特性の観点で大きな違いがあるので、こうした問いを投げかけるのです。

また、「自分でやった」ということは、その人にとっての自信になります。

私自身サッカーをやり切った経験があります。だから私には、どんなに辛く、逆風が吹いているときでも、あのとき自分にできた経験があるから、折れずに立ち向かうことができます。サッカーと仕事は一見関係がないかもしれませんが、こうしたメンタルモデルを構築することができているからこそ、自分自身の学びのスタンスや、仕事への向き合い方、未知への挑戦といったことへの好奇心が育まれ、挑戦的な生き方ができるようになったと自負しています。

わからないながらも試行錯誤した経験は、現実社会で必要な実践力と考え方を養います。学びの中でこのプロセスを経験することが、知識の吸収力を格段に引き上げ、自身の思考サイクルの中で成功体験を生み出し、自分なりの考え方ややり方の型を身につけることになります。

予測不可能な今の時代に、これ以上の財産はありません。わからないことに立ち向かい、自分なりに成功したという結果を得ることは、間違いなく人生の財産になるはずです。

小さな一歩を踏み出すとすべてが動き出す

人生の財産となる経験を獲得するために必要なのは、いきなり大きな挑戦をすることでなく、本当に小さな一歩で構いません。「小さなできた（スモールウィン）」を重ねていくことが大事です。

◉最適な挑戦機会「Stretch Zone」の考え方

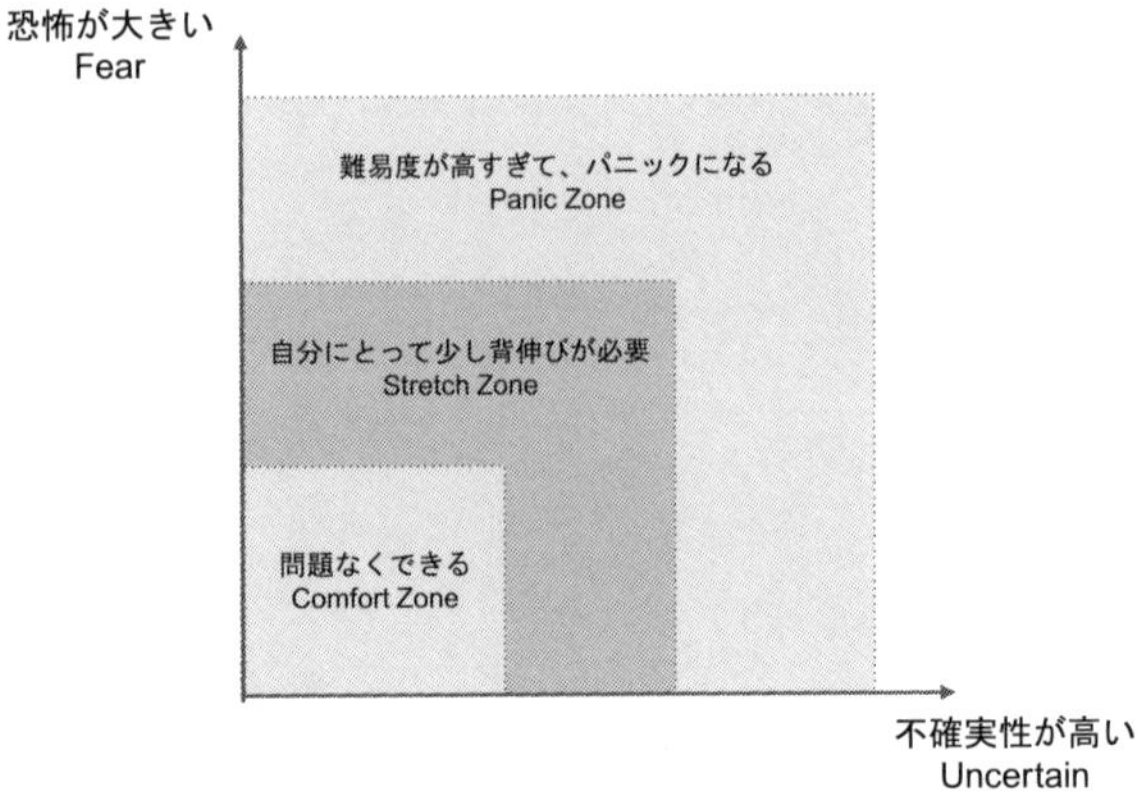

図4-3（筆者作成）

挑戦が大きすぎると、やらない理由がたくさん出てきます。また、恐怖が大きくなってしまいます。これはわかりやすく2軸で整理することができます。図4‐3をご覧ください。恐怖の大きさと不確実性の高さの相関です。

たとえば、「ロケットを飛ばす」というチャレンジをするときに、小学生にとって「ホンモノのロケット」を飛ばすことは非常に難解（Panic Zone）で、自分にできるイメージもなく、心配事もありませんし、実現するために焦ることもありません。

一方で、「ペットボトルロケットを飛ばそう」となると、同じロケットを飛ばすのでも最初の一歩としては、難しいかもしれないけど、やれなくはないチャレンジ（Stretch Zone）です。説明書や解説を読みながら実現するためのイメージを湧かせます。考えているうちに自分にできるか少し不安になったりしますが、実現不可能ではない、と考えられるレベルの適切な挑戦になります。

その子たちのレベルや置かれている状況によって挑戦の難易度は変わります。

この「難しいかもしれないけど、やってみたいと思える挑戦」とそのための小さな一歩を踏み出すことが非常に大切で、私たち先生と呼ばれる立場の人は、そうした適切な一歩を踏み出すことを支援する必要があります。

探究的な学びが頭でっかちになってしまう生徒が多い場合、その生徒には具体的に実行するイメージや、自分の発言に対して当事者としての意識がないことがほとんどです。そのときにかける魔法の言葉があります。「あなたは具体的に何をやろうとしているのかな」です。

発言しているだけ、その場かぎりの発信は、図の Comfort Zone に該当する行動特性です。空想の世界だけで話を完結させることなく、現実社会に表現することをめざすと、小さな一歩が踏み出せるはずです。

本来、すべての子どもたちは可能性の塊です。一度自分が取り組む意義を感じた目標がセットされて、小さな一歩を踏み出し始め、経験を積み重ねていくと、どんどんチャレンジすることに慣れ、その意識がいつの間にか大きなうねりになって教室全体を覆い尽くすまでになるのです。

とにかくやってみると教室が動く

一方で、周りの評価にさらされているため、どうしても一歩を踏み出すのが怖いという生徒も当然います。むしろそうした生徒のほうが多いのが現実です。

そんなときこそ、「見る前に跳べ」。とにかくやってみよう、です。

多くの生徒たちは、自分のやりたいことや好きなこと、得意なことがわかりません。当然です。それを見つける活動は学校生活の中で日常的にあるわけではないからです。

でも、そのままでは、自分自身を理解することや、「好き」や「得意」、将来のビジョンに気づく機会を得ることは基本的に難しいのです。

私たちは課題と発表機会を生徒たちに与えます。しかも、できるだけ今まで言われたことのない、訳のわからない課題を提示します。

たとえば、

- 1カ月以内にコーヒーをインドネシアから輸入してきてください
- 2週間後までにタイのマイノリティの人たちに多様性に関するソリューションを提案してきてください
- フェアトレードを実現するための鍵を10名のスリランカ人へのインタビューから見つけてきてください

課題を選べない生徒がいたら、その生徒の特性を考慮して、言い方はよくないですが、思い切って何かの機会に放り込みます。

私が与える課題のすべては、世界中のいろんな人に協力していただいているので、できるだけ生徒に達成してほしいのです。しかし、それよりもその過程で自分はどんな役割を担えたのか、興味関心が芽生えたことは何か、どんな気づきを得たかのほうが圧倒的に大切です。

このような実際の相手、実社会に通じる内容、その人の想いに触れる学びは日本の教室には非常に少ないのです。こうした実践機会を教室に用意することで、心が動くきっかけに触れ、気づきを得て、自分自身を見つめることで、自分自身が歩む道筋（ベクトル）が見えてきて、次の選択ができるようになります。一度何かを選択したら、次は簡単です。そこから興味を持ったことや、違和感、感情が動いたことを聞いていくと、次の一手は比較的容易に決まるものです。

ミッションに放り込まれても、実行しなかった生徒もいます。しかし、これは自分なりの意思表明として受け取ることが健全で、むしろ嬉しい表現の一つです。

決して、むりやり発表させたり、定型的な発表資料をつくらせるようなことを手伝ってはいけません。生徒自身の選択機会を与え、その選択を尊重し、背景を知ることが大事です。第3章で述べたように、「どうして、そのような行動をとったのか」を尋ねてみてください。やらないという意思決定の裏側には、その子の想いが潜んでいます。

こうして生徒は自分の意思決定には責任と自由が伴うことを学んでいきます。そして、自分の気持ちと向き合う機会を獲得し、自己認識を正しくするための学びを得ていくのです。

どんな行動にも、意思が必ず反映されます。それを汲み取り、背景を浮き彫りにし、次の一歩を促すのが、先生の役割ではないでしょうか。

最初は、むりやりやらせるような感覚があり、嫌な気持ちになるかもしれませんが、そうした挑戦をする環境に強制的に入れることで、教室全体が大きく動き出します。そんな経験を私たちタイガーモブは何度も経験してきました。

教室の過ごし方の前提が換わる

「挑戦する教室」を生み出すことで、教室での過ごし方の前提が換わります。

鍵になるのは、「実践（行動）」です。

今までの教室は、学ぶ目的も、目標も、何をするかも、すべて先生が考えて提供してきました。しかし今、その教育現場は変化を迎えています。教わる生徒側の力が強まってきたこと、学びのかたちが多様化したことで、教える側と教わる側というお店（先生）とお客様（生徒）のような構造に変化したのです。

しかし、「挑戦する教室」は違います。アーティストのサポートによって、最高潮に盛り上がるオーディエンスのように、お互いが一緒になって、ライブをつくる関係性をめざしています。常に生徒たちを現状の外側に出るように促し、実践を通じて、自分の「好き」や「得意」を明らかにし、手応えを得て、次の一歩に挑戦していく教室こそ「挑戦する教室」です。

この教室では、先生の介入は最低限になり、生徒は自ら学ぶようになります。「やらされていること」から「やりたいこと」に変わり、嫌だった勉強に自分が取り組むことの必要性を見出し、自ら学習に向き合うようになります。

もちろん理解度は人によって異なりますが、授業を邪魔したり、暴れたりする生徒はいません。教室全体がこの雰囲気に満ちたとき、全員が挑戦者として、自分の人生を充実させるための努力をする状態になります。

これは、今までの教室の過ごし方とはまったく異なります。失敗する怖さを、小さな一歩を踏み出すことで少しずつ克服していくことや、見る前に跳べと崖から突き落とし、実践させる理由はここにあるのです。

そのことが、現代においては、子どもも大人も、「好き」も「得意」ももともと持っていない、あるいは持つことすら怖いと感じる子も多いという事実に対する処方箋になると考えます。人は認知していないものは好きにも得意にもなりません。先生がするべきことは何かといえば認知させることであり、それは崖から飛び込ませることになるかもしれません。「そんなことをしてよいのか？」と疑問に思うでしょう。しかし、私たちはそれこそが大切なのだと考えます。「心が折れるより、骨が折れたほうがよほどマシ」。それが「Learning by Doing」の学習モデルでもあるのです。

先生の時間の使い方が変わる

結果的に、先生の時間の使い方は大きく変わります。生徒たちが主体的に学ぶからです。

前述したように、フィンランドの公立学校の先生はだいたい15時ごろには全員帰ります。それでも教育としては非常にうまくいっており、生徒たちは街のいたる所で、演劇をしたり、募金活動をしたりして、自分たちのプロジェクトを実行しています。社会が子どもを育てているのです。そうすることで、無駄なティーチングはなくなり、先生の時間は豊かなものになっていきます。

ＯＥＣＤが２０１３年に出した調査報告書で日本の学校の先生は、１週間当たりの平均労働時間が世界最長の70時間を超え、そのうち生徒と向き合っている時間は加盟国の８番目で、労働時間に占める生徒と過ごす時間は最も短いのです。また、それを肯定している法律もあります。どれだけ長く働いても貰える給料は変わらない長時間労働が蔓延しています。一般企業では、ＲＯＩや労働生産性が厳しく追求されますが、学校は生産性を意識しないため、投資もなく変革が遅れています。

けれども、「挑戦する教室」を生み出すことは、生徒にも先生にも余白を生み出します。その余白こそ、先生自身の人生をより充実したものにすると同時に、技能を高めるきっかけにもなり、現状維持からの脱却にも繋がります。

学校経営者や管理職の皆さんは、失敗を恐れず、挑戦する。そのことで悪いスパイラルから脱却できるイメージをぜひ抱いてほしいのです。それが本書を執筆した目的のひとつです。

第5章　「挑戦する教室」をどうデザインするか

本章では、「挑戦する教室」のつくり方をお伝えします。

一般的な科目授業の発想と違うところもあり、困惑する部分もあるかと思いますが、ぜひご自身で読み進めて実践してみてください。

実践こそ、最大の学びです。

学びの目的を決める

まず、多くの先生が飛ばしてしまうのが、この目的設定です。

これには、少し構造的な問題もあります。先生たちはすでにご存じかもしれませんが、そもそも日本の学習指導要領は、機会の均質性を掲げているため、授業中に行われるべきことが事細かに記載されています。以前、フィンランドの学校巡りや、日本の教育との比較をオンライン・オフライ

◉フィンランドと日本の学習指導要領

図5-1　手前がフィンランド、奥が日本。厚みがまったく違う（田中航撮影）

ンの両方で行ったことがあります。そのときに最も驚いたことのひとつが日本の学習指導要領の「厚み」でした。

ちなみにフィンランドの指導要領の厚みは日本の3分の1以下（図5-1）。しかも日本はこれに各教科ごとの指導要領がさらにプラスされるのです！　確かに標準化するためには、なるべくブレが少なくなるように文字情報で補う必要があるのですが、これはあまりにも多いです。

良くも悪くも、細部までどのように実施するのかが事細かにマニュアライズされており、先生たちはそれを子どもたちにどのように伝えるかを考える余地があまりないのです。つまり、ルールに沿って学ぶコンテンツを届ければ、ある程度の学力を養う機会が担保されることが前提であり、その先のことを考える余地があまり残っていないのが現状です。

結果、日常の教員生活で目的を問う必要性が生じることは稀です。そのため、探究的な学びを展開する際も目的を考えずに実施してしまい、「探究的に学ぶこと」が目的化する現象が多く見られます。つまり、手段が目的化するのです。「探究」という言葉の生みの親といってもよい藤原さとさんの著書『「探究」する学びを作る』をご覧になられると、学びの本来あるべき姿について、より有意義な理解が得られると思います。

話を戻しますと、まず私たちが考えないといけないことは、目的、つまり、なんのために探究的なプロセスで学ぶのかということです。

ビジネスの世界でも「目的」という言葉がしばしば「目標」と混同されて使われていることを目にするので、あえてここで説明します。

端的に、目的は「なんのためにやるのか、理由」です。

たとえば、英語力を向上させたいから、サッカー部を強くしたいから、生徒の課題提出率をあげたいから、など実現したいことを指します。

そして、目標は「目的を達成するために必要な達成水準」です。

たとえば、1500語の単語を暗記する、県大会ベスト8に進出する、課題提出率80％を達成するといった、達成したか否かがわかる水準を設けることが大切です。

そして、これらの目的・目標を達成するために、手段が存在し、その一部に該当するのが「探究的な学び」なのです。

2017〜2018年に国が決めた教育のめざす方向性を要約すると、次の5つにまとめられます。
①義務教育課程の学びをベースにして、科目別教育も統合しながら、将来のありたい姿を踏まえつつ、自らの問いに挑む機会とする。

目的	自分なりの課題を見つけて、解決する力を養う機会とする。
目標	1. 義務教育課程の学びをベースにして、科目別教育も統合しながら、将来のありたい姿を踏まえつつ、自らの問いに挑む機会とする。 2. それぞれの学校らしい課題を設定し、特色ある学びを通じてより良い育成をする。 3. 実社会や実生活で使える知恵に昇華する。
手段	1. 体験的に学ぶ方法を取り入れる 2. アクティブラーニングを取り入れる

図5-2 学習指導要領改訂の整理（筆者作成）

②自分なりの課題を見つけて、解決する力を養う機会とする。

③それぞれの学校らしい課題を設定し、特色ある学びを通じてよりよい育成をする。

④実社会や実生活で使える知恵に昇華する。

⑤体験活動と能動的な学習活動を積極的に取り入れる。

これらを目的・目標・手段に分類すると、どのように分けられそうでしょうか。私は、②が目的、①③④が目標、⑤が手段に該当するように感じます。私なりにこの国の方針を読み解くと、図表5-2のようにまとめられます。

この分類を頭の片隅に置いておいていただき、ここからは各学校の具体的な目的や目標に落とし込む際の要諦を示します。

ここで考えたい大事なポイントは、「自分たちはどんな生徒を創出したいか」ということです。

多くの場合は、建学の精神や教育方針、ディプロマポリシー（卒業認定方針）、めざす人材像などとしてまとめられて成文化されています。校門の近くの石碑や体育館の壇上の横に四字熟語や、「自由・自治・自立」や、「清く・正しく・美しく」などと書いてありませんか？

しかし、その方針が制定されたのが１００年前で、時代の要請にそぐわないと考えるなら、思い切って変更するような機会を設けてもよいでしょう。事実、当時の商業高校や工業高校のあり方は今とは大きく異なるケースも多いのです。

大事なことは、今目の前にいる生徒の「ｗｅｌｌ　ｂｅｉｎｇ」であり、その子たちがよりよい人生を過ごすために、学びはどのようにあるべきかということです。

学びの目的を明確にするために

生徒が学校に来る目的、それは就職？　進学？　そんな近視眼的なことではありません。生徒の人生の大きなターニングポイントに関わり、未来を左右する立場にあるとしたときに、改めて学びの目的はなんなのだろうか、ぜひ考えてもらいたいのです。教育は、一人ひとりの未来をつくることを支援する仕事です。そしてその仕事の仕方は、地域や時代、役割によって大きく異なります。ぜひ先生たちで議論する機会を設けることをお勧めします。

私たちも実際に校内でプロジェクトをスタートする際に必ず考えるのが、登場人物ごとの探究的な学びをすることの目的設計です。

図５‐３が、実際の研修で使用するワークシートです。

誰が？	何を得たいか？
生徒	
先生	
保護者	
その他関係者	

図5-3 want to 整理シート（筆者作成）

この中で、最も重要なことは何か。また副次的な効果として期待しているものは何か。それぞれを分けて優先順位をつけます。

優先順位をつける理由は、おそらく育みたい生徒像が、極めて理想的ですばらしい姿になることが多く、すべてを叶えるのはとても難しいためです。マーケティング用語でペルソナという言葉を使うことがありますが、いざやってみると、「そんな人、この世にいるの？」みたいな状態になることも多々みられます（実際私も昔、採用コンサルタントの駆け出しのころ、この世にいないような人材定義をし、ウルトラマンのような人だね！と褒められた？こともあります）。

めざしたいことは本当にたくさんありま

誰が？	何を得たいか？
生徒	＜何を＞ 自分の興味関心と進むべき方向性を明確にしたい ＜なぜ＞ 自分にとってワクワクする将来の方向性が見えると、自分が何に熱中すれば良いのかが見えてくるから
先生	＜何を＞ 将来必要とされる探究的なマインドとスキルを身につけてほしい ＜なぜ＞ しなやかに力強く未来を生き抜いてほしいから
保護者	＜何を＞ 自分の好きなことや得意なことを堂々と語る我が子に会いたい ＜なぜ＞ 成長した子どもの姿が見たいから
その他関係者	校長先生 ＜何を＞ 自校の探究的な学びが県を代表するような取り組みとして教育委員会で紹介されたい ＜なぜ＞ 自校の募集が増え、学校経営が安定するから

図5-4 want to 整理シートサンプル（筆者作成）

すが、ここだけは絶対に譲れないというものは何かを決めることが重要です。そうすることで実施目的が明瞭になり、共通認識も持ちやすく、大切なことのために捨てる決断や、実行する決断もできるのです。

たとえば、図５・４のようにワークシートを活用することができます。

そして、譲れないものを実現するために、具体的にイメージしやすいよう臨場感を出すことが欠かせません。

まず、次の問いにお答えいただけませんか。いろんな答えが収拾つかないほど出てくるはずです。そこでさらに考えていただきたいのです。「もし、そのすべてを学びの過程を通じて実現できたら？」と。

■1年後どんな状態になっているとよいか？

●1年後の理想的な状態を明らかにするための5つの自問

①先生同士の会話はどのような内容か
②生徒との会話はどのような内容か
③保護者との会話はどのような内容か
④私たち先生はどのような感情を抱き日々働くか
⑤どのような手応えを感じているか

どうでしょう、こう自問することで、具体的なシーンが浮かび上がってきて臨場感が湧くのではないでしょうか。そしてこうしたシーンを洗い出したのちに、目的を達成したかどうかを測定するための指標となる「目標」を考えるのです。

●理想的な状態を明確に定義するための5つの切り口

①生徒が身につけているスキルは
②生徒が持っているマインドは
③先生は学びにどのようにかかわるか
④先生が身につけているスキルは

⑤何をどのように評価するか

いかがでしょうか。この設問と自答で「目的と目標（指標）」を考えることができます。

そして、「目的と目標」をこのように考えることができたら、その学びをどのテーマやコンセプトで実施していくかを考えます。

最終的には、次の3つの問いに答えられたら、探究的な学びの設計ができていると考えてよいでしょう。

□Understand■学びを通じて、生徒が理解すること（活動や知識の獲得を通じて得られた気づきや教訓）は何か
□Know■学びを通じて、生徒が知ること（新しい事実や法則などの知識）は何か
□Do■学びを通じて、生徒が取り組むこと（実践すること）は何か

学びにおいては、自分なりの理解を獲得することが大切です。そのために、知る必要がある知識や事実は何か。そして、その知識や事実を獲得するためにはどう活動すればいいのか。これらを整理することで、実際に活動することは何かがくっきり見えてくるはずです。

ここまで書いてきましたが、言うは易くのたとえで、一発で簡単に設計できるようなものではあ

りません。何度も案を練りながら、議論を繰り返してやっとできあがるものです。この工程を適当にやってしまうと、後の手段が多くの場合適当になり、目的を見失った探究になります。それが「はいまわる探究」や「ゆとり教育」などと批判される学びになってしまい、過去の歴史を繰り返してしまうことに繋がります。

そして、ありがちなのが、他校の実践例をそのまま自校でやろうとすることです。これはとてもよくある間違いなのですが、目的や目標、学校の置かれた状況が違えば、手段は大きく異なります。視察した学校でうまくいっていても、自校でやるとうまくいかないのは、この目的と目標が実は違っていたり、自校が講じられる手段が視察した学校とは場所も違えば生徒の状況が異なるため、やるべきことが変わってくることが要因として挙げられます。

ですから、他校を視察したときには、必ず目的や目標をお聞きすることをお勧めします。そこで自校との合致度合いを見極めて、本当に導入することが可能なのかを検討することが必要です。

最終的には「没頭状態をつくる」「自分らしい社会人としてのあり方を明確にする」「自分の夢中を表現する」など、参加するすべてのステークホルダーがそれをやる意味と意義を感じられるよう目的をセットすることが大切です。

目的と目標の設定次第で活動の7割は決まります。生みの苦しみがありますが、ぜひ一致団結して乗り越えてください！

全員が思わず振り向く学びのテーマを決める

学びのテーマを考える際には、自校ならではの特色は何かをぜひ考えていただきたいのです。多くの場合が、ビッグウェーブに乗って満足してしまうことがあります。たとえば、流行りのＳＤＧｓをテーマにすることや、修学旅行も生徒の状態を踏まえられていない、特色のないものになっていることなどです。

ＳＤＧｓというテーマに関心のない生徒にとっては、そのテーマ設定はどれほどつまらないものか。これだけ移動が簡単になった世界でいつでも行けそうな観光地への修学旅行を友達と行く理由はなんだろうか。

かく言う私も、私自身の向き合い方もありますが、とても退屈な修学旅行を経験した身です。だからこそ、どうせ行くなら一生の思い出になるような、人生のターニングポイントになるような機会を届けたいと思うのです。

テーマを考える際に、ぜひ先生たちに考えてほしいのは、自校だからこそできることは何か、です（図５‐５）。たとえば、自校独自の哲学的な考え方や、特徴的な地域性、集まってくる生徒の特徴、地域でアクセスできるリソース、過去積み上げてきた人との繋がり、などなど。

学校には、その学校にしか出せない魅力が必ずあります。生徒一人ひとりが違うように、すべて

アクセスできるリソース	切り口となる問い
ヒト	・自分たちの身の回りにはどんな人がいるか。 ・その人は何ができる人か。
モノ	・使えるモノは何があるか。 ・そのモノがあることで、何が実現できるか。
場所	・この場所はどんな特徴を持った場所か。 ・その特徴を活用して何ができるか。
情報	・地域で私たちだけが持っている情報は何か。 ・その情報を活用して何ができるか。
歴史・伝統・文化	・どんな歴史・伝統・文化が息づいているのか。 ・それを活用して何ができるか。
知恵	・私たちだからこそ持っている知恵は何か。 ・その知恵は、何の役に立てられるだろうか。

図5-5 自校の特徴を明らかにする6つの切り口（筆者作成）

の学校には、必ず違いがあります。その違いがあるから特徴が生まれ、「自校らしさ」になります。飛び道具的に、ユニークな先生がユニークなテーマを決められるということも実は特色ですが、多くの場合、自分たちがこれまで積み上げてきた活動のなかにヒントはあるはずです。

「うちの地域には何もない、うちの学校は普通だから何もない」。そんな声を耳にすることもよくありますが、逆に地域でそこまで「普通」で突き抜けていることが、特色かもしれません。真に「普通」であれば、日本全国の中でも、中央値を意味しているということになりますが、どれほど平均的なのか、調べてみると面白いと思います。

全員が思わず振り向く学びのテーマは、学校の置かれた状況、地域の状況、先生の想い、育てたい生徒像、こういったものが組み合わさって、その方向性が見えてきます。そして、生徒の中には、探究的な学びに興味がない子も当然います。多くの場合が、まだ興味が湧かないだけであって、いつか探究的な学びに熱中する可能性を秘めています。

では、どのような生徒がまだ興味がないだけで、熱中する可能性を秘めているのでしょうか。あえてわかりやすいように、失敗例を出すと、

「うちの学校は海の近くだから、海洋をテーマにした社会課題解決を軸にした探究をしよう！」としたとしましょう。

この学校がサッカーの強豪校だった場合、サッカー部の生徒がその学校を選択する理由に「海が近い」は入っていません。したがって、生徒が学びたいと思える内容にはなっていない可能性が高いのです。

もしこれが、「よりよい人生を過ごすために、問題が何かを見つける考え方を身につけるのが大切だから、学校がせっかく海の近くにあることだし、机の上でやらないで、外で実際にやってみようか」と切り出した上でのテーマ学習であれば、普通の授業よりは楽しんで参加してくれるかもしれません。

つまり、「自分が実現したいことに、海を掛け合わせると、どんな活動ができるだろうか」と課題設定してみるのです。

サッカー部の生徒は、砂浜の特性を学び、効果的な練習方法として砂浜でビーチサッカーを始めたり、ゴミ問題に関心のある生徒はビーチクリーン活動をしたり、写真が好きな生徒は、海岸沿いでベストな夕日を撮影するための条件を要素分解して、誰でも綺麗な写真を撮れる方法を編み出したり、料理人をめざす人は、美味しい塩に秘められた要素を研究し始めたり、活動は一見バラバラなのですが、皆が海を舞台に、自分たちが深めていきたいこと、個人的な関心が強く、意欲があることをさらに力強く推進するようなことが起きます。

要は、生徒たちにとって学ぶ意味があるかどうか、です。

そのためには、コンセプトレベルでの探究テーマを決めることが大事です。

コンセプトレベルの探究とは

それではコンセプトレベルの探究テーマを説明する前に、第3章で紹介した3人の教育学者、H. Lynn Erickson, Lois A. Lanning, Rachel French の共著『Concept-Based Curriculum and Instruction for Thinking Classroom』(Second Edition, 2017)の考え方を説明しておきましょう。

知識の構造は図5-6のように定義されています。

ここで着目していただきたいのは左側の「Structure of Knowledge」です。

下から、FACTS(事実)は、

◉知識の構造

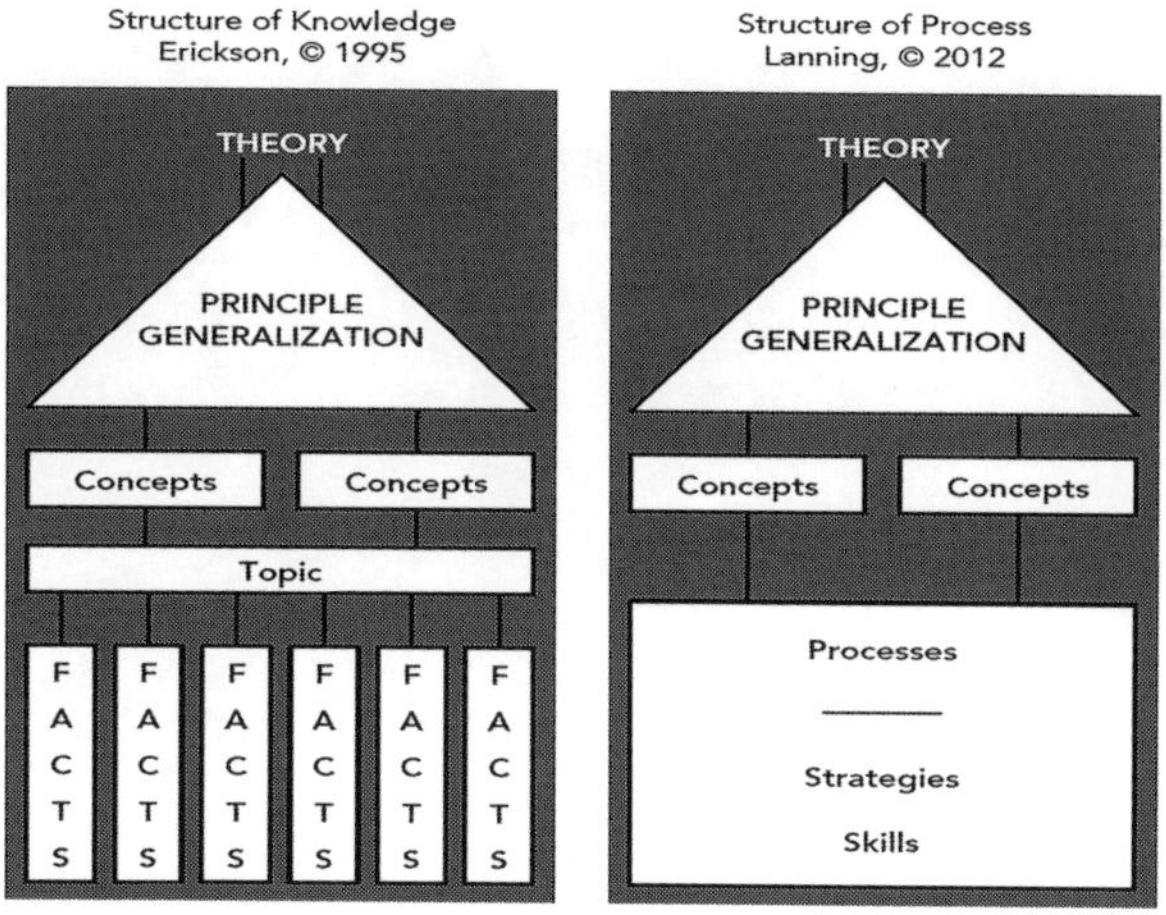

図5-6 （H. Lynn Erickson, Lois A. Lanning, Rachel French
『Concept - Based Curriculum and Instruction for Thinking Classroom』(Second Edition, 2017)）

・トラは、ネコ科である。
・トラは、世界に約３８００頭しかいない。
・トラは、肉食である。
・トラは、絶滅危惧種である。

といったように多種多様なトラにまつわる事実が存在します。これがＦＡＣＴＳです。

そして、Ｔｏｐｉｃは、事実をグルーピングできるテーマと考えるとよいでしょう。その下にいろんな調べる対象があればいいのです。

トラの延長で行けば、Ｔｏｐｉｃはこうなります。

・ネコ科
・絶滅危惧種
・肉食動物

この言葉の中には、いずれもいくつものＦＡＣＴＳが内包されることはイメージできるでしょう。

よくある学校でのテーマ学習はこれに該当します。

「私たちの街を調べてみましょう！」

「世の中にはどんな仕事があるか調べてみましょう！」

「沖縄の有名なものを調べてみましょう！」

こんなテーマで学びを設計したことはありませんか。

これがいわゆるテーマ学習で、割と広く浸透している学習のスタイルです。校外学習と呼ばれる活動で、よく使われる方法ですが、アクティビティ的な要素が強く、探究的な学びのプロセスに入るためには、少し深みが足りません。

次に、図5-6のTopicの上にあるConceptsとは何でしょうか。

条件としては3つあります。

- 普遍的であること
- 一般的であること
- 抽象的であること

- 生態系
- 絶滅（消失）
- 情報伝達

これだけではわかりにくいと思いますので、先ほどのトラの延長でいえば、などがＣｏｎｃｅｐｔｓに該当します。

こうすることで、自身の関心があることをテーマに据えて学ぶことが可能になります。たとえば、生態系というコンセプトをテーマに据えた学びを、海に近いサッカー強豪校で実施する場合、近隣から通う生徒は、海の生態系がどのように変わってきたのかを探究し、サッカー部の部員は、世界最高の選手の一人とされるムバッペが提唱するエコロジカルトレーニングを探究するかもしれません。まったくタイプの違う２名の生徒であっても取り組みがいのある時間にすることが可能なのです。

同じ生態系というコンセプトでも、実際に取り扱うテーマがまったく異なるのです。

さらに、コンセプトベースの学びは、図５‐６の上部に示したように、そこから原理原則や一般化、セオリー（理論）を取り出すことができる学びでもあります。まったく違うことをテーマに取り組んだ２名の共通点はなんだろうか、普遍的なものはなんだろうか、そして、そこから導かれるセオリーはなんだろうか、それらを考えることで、「生きていく上で役立つ知恵」を獲得することができます。

こうした考え方を持った上で、やってみたいこと、自分の好きなことや得意なこと、興味関心が湧くことを、授業を通じて実現できる状況をつくることで、思わずすべての人が振り向くテーマをつくり上げることができるのです。

一例を挙げましょう。東京都の田園調布学園の場合「ＢＯＴＴＯを見つけよう！」というカリキュラムとして表現されています。「没頭（BOTTO）する人を増やす。」ことをコンセプトに据えて、学びを設計しているのです。

没頭に欠かせない、好き、得意、やりたいを明確にするワークを全員で行い、言語化できるようになったあと、それぞれが「#極めてみた」という活動を10回以上のコマ数を割いて行います。

明晰夢[8]を科学することに没頭する生徒、気候変動の影響を最小限にするためにどのような行動ができるのかを考えてアクションする生徒、韓国コスメが売れている本当の理由をマーケティング的な視点から読み解き、大ヒット間違いなしのコスメアイテムを開発する生徒までいます。

「没頭する」という抽象的で、一般的な言葉を据えて、そのために必要なアプローチを考えて実行することで、生徒の95％以上が、自分が取り組みたいテーマを言語化できているのです。

「好き」と「得意」を掘り下げて、want toの芽を出す

ただ、全員が参画可能なテーマを設定したからといって、それだけでうまくいくわけではありません。この先の道のりはまだまだ長く、その長い道のりで、一つ大きなポイントになるのは、ピーター・センゲ著『学習する組織』の中にも出てくる「クリエイティブテンション（内発的動機）」

8　睡眠中に見る夢が、夢であると自覚して見る夢のこと。

をいかに引き出すかということです。

なぜ、外発的動機ではなく、内発的動機が大切なのかは、非常に多くの学者が言及しており、これなくして、アクティブラーニングやＰＢＬ（Project Based Learning）とは言えず、ましてや、「探究する」状態に没頭することはかなり難しいと思います。

私たちは、もともとは海外に挑戦したいという志を持った若者を応援するサービスを展開していました。そのため、参加者ははじめから挑戦する意欲を持った人たちです。けれど学校の全員参加の必修授業での取り組みとなると、本当に多様な状況の生徒がいます。最初から、やりたいことが明確な生徒、何をやるにもやる気が出ない生徒、頑張る理由が見つからないものには手を抜く子、部活以外の時間は基本的に寝ている生徒、いろんな生徒を見てきました。

そこで、私たちが大切にしているのは、「自分に意識を向けること」と「リフレクション（振り返り）」、そして「Learning by Doing」の学習モデルです。

少し、一緒に考えてみましょう。

- 皆さんの中学・高校生時代にいちばん時間を割いてやってきたことはなんでしょうか？
- 自分の得意や好きなこと、興味関心・好奇心が湧くことを考えた記憶はありますか？

ほとんどの方が、部活とテスト勉強と答え、自分自身のこと、たとえば、何が得意なのか、何が好きなのか、何をやってみたいのか、いまどのような気持ちなのかを考えた機会はないと答えます。そして、その現象は今も大きく変わることなく、むしろ今の生徒たちはより忙しい日々を過ごしています。部活に習い事、テスト、友達との会話についていくための情報収集、趣味の時間など など、一体いつ休んでるの？　と聞きたくなるような過密スケジュールです。

そんな状態ですから、やるべきことが山のように降ってきて、それをこなすことで精一杯という生徒も少なくありません。

こうなると、失われるものが「主体性」です。やるべきこと（ｈａｖｅ ｔｏ）に埋もれてしまうと、確かに学術的な知識の獲得に成功する側面はあるのですが、本当に自分がやりたいことｗａｎｔ ｔｏに気づくことも、考えることもありません。確かに、先生の言うことを聞き、テストでよい点数を取り、部活でも好成績を出すような「自主性」が高い子は出てくるかもしれませんが、土台がなく、自分で考えて一歩を踏み出そうとするときに、その踏み出し方がわからない生徒が出てきてしまいます。

それは、自分が何をしたいのか、どう時間を使いたいのかを考えたことがなく、「あなたはどうしたいの？」と問われることがない世界にいたため、答え方がわからないのです。

しかし、現実社会では、意見を問われ、考えを聞かれ、価値を発揮するために自ら仮説を立てて行動することが求められます。必要な行動を起こすための学びが現代の教育機会には極端に少ないのではないかと思います。

近年、日本にも海外から教育モデルや理論が輸入され、さまざまなところで海外の事例を耳にしますし、実践している学校もあります。しかし、それが日本の教育現場にそう簡単にフィットするとは思いません。その最大の理由は、そこにも生徒の「得意」や「好き」、自分がやりたいことを考える機会がないからです。生徒の自己認識がないままに、海外の教育理論やメソドロジー、指導者を持ってきてもうまくいかないのです。

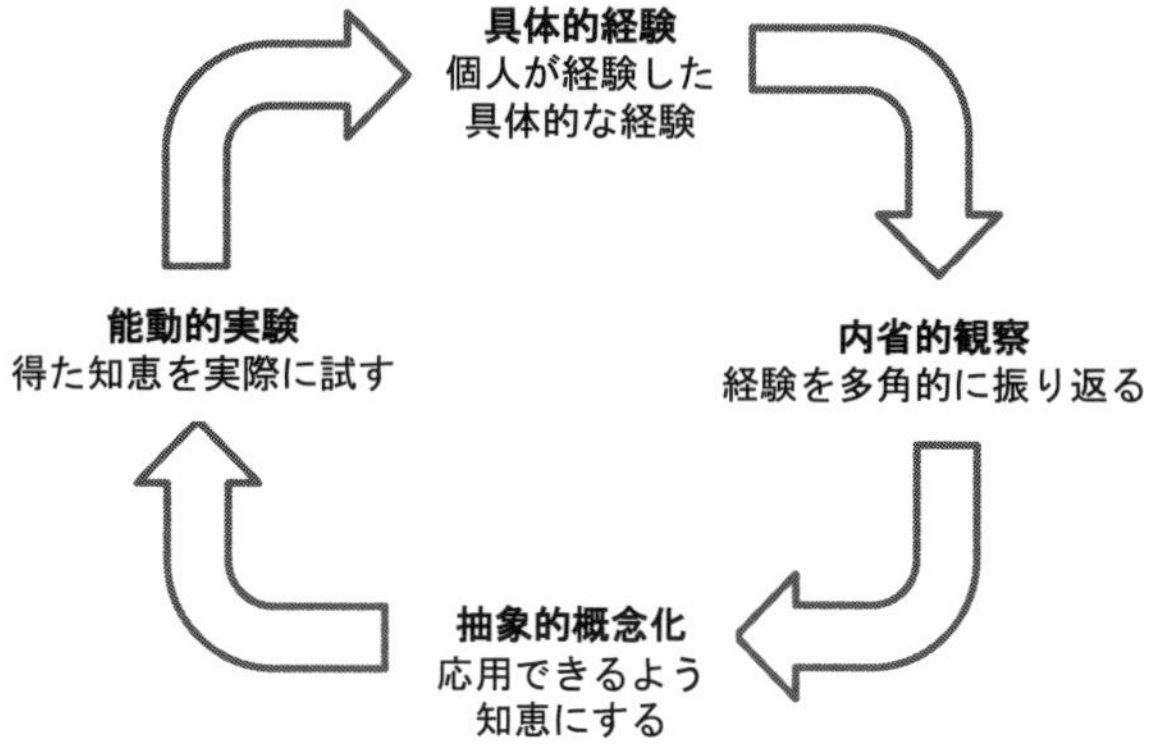

図5-7　D・コルブの経験学習モデルをベースに筆者作成

集団の中、かつ決まった時間の中で、成果を出すことを中心に設計された教育モデルでは、自分自身の内面にベクトルを向けることが非常に少なく、自分自身について知る機会が乏しいのです。

だからこそ、私たちは、自分自身に意識を向ける活動を大切にし、自分のｗａｎｔ ｔｏを引き出すための学びを大切にしています。

「リフレクション（振り返り）」が不可欠

次に、私たちは「リフレクション」を大切にします。図５-７のように、アメリカの組織行動学者Ｄ・コルブが提唱する経験学習モデルをベースにしながら、経験したことだけでなく、経験から何を感じたか、自分の持論になるようなものが出てきたかを考える機会を必ず設けます。これが「リフレクション」です。

私たちはこうした理論を背骨に、今まで生徒が見たことも触れたこともない世界と衝突する機会を世界中からゲストを招いた講演会を実施することで提供したり、とにかく騙されたと思ってやってみようと行動する機会を届けます。その活動を通して、自分がどう感じたかを言語化する作業を行い、違和感や好奇心を発展させていき、本当に自分がやりたいｗａｎｔ ｔｏが出せるように、探究的な学びをデザインしています。リフレクションは、非常に有効な手段で、次のステージに進んだり、自分の興味関心の方向性を定めるために必要不可欠な手法になります。

何度も言いますが、「興味あることは何もない、好きなことも何もない、得意なことも何もない」と話す生徒がいます。そうした生徒には、とりあえず騙されたと思ってやってみなさいと、崖から突き落とし、チャレンジする機会を届けます。そこで必ず行動結果が返ってきます。そして、その行動結果について、リフレクションを行います。

- 何をやったのか？（経験の事実を尋ねる）
- やってみてどう思ったか？（経験の感想を尋ねる）
- 自分にとって新たな発見はあったか？（気づきを尋ねる）
- またやりたいと思うか、思うならなぜ？（行動結果の要因を特定する）
- どんなことをやったら自分はより没頭できると思うか？（仮説を尋ねる）

このようにリフレクションを行うだけで、新しい疑問や違和感が生まれたり、生徒本人が関心を持ち、没頭したり、やりたいことが見つかるためのプロセスに入っていくことができます。狭めたり、広げたりしながら、まるで医者の問診のように、生徒に向き合い探究的な学びにおけるリフレクションをサポートすることで、生徒の「これがやりたかった！」の発見を支援できるのです。

「Learning by Doing」の学習モデル

学生時代、勉強がつまらないと感じた瞬間はありませんか？

一般的に、年齢とともに学習に対しての興味関心は低下していきます。その要因は、理論や考え方の難易度が上がっていき、実社会で体験できることから離れるからではないかと私は分析しています。

たとえば、数学。学年が上がれば上がるほど、難しい公式や公理が使われ、頭の中だけや想像の世界だけで完結することが少なくありません。そうなってくると、やる意味や価値を感じにくくなり、数式の意味が想像できないことから、数学が好きであったり、問題を解くことが好きな生徒以外、やる意味を見失ってしまうのではないでしょうか。

このような学びを「演繹的な学び」と定義します。イメージとしては、理論や考え方を提示して、そこから具体的な問題を解いたりしていくような授業です。いわゆる一般的な授業のモデルです。

一方で、演繹《えんえき》的があれば帰納的があります。その「帰納的な学び」こそ、「Learning by Doing」の学習モデルです。いま目の前で起こっている事実や、皆さんがよく目にすること、耳にすることから学びを立ち上げていきます。つまり、極めて個人的なことから学びを立ち上げていきます。「Learning by Doing」の学習モデルは、学びが属人化するため、クラスマネジメントが難しいという弱点がありますが、探究的な学びのプロセスには最適なモデルで、個人的な理解を得ることを目的としている学びにフィットします。

そもそも、個人的なことからスタートしないかぎり、違和感も好奇心も育むことは難しいのです。また、自分の役に立つようなことでないと、学びの主体性を保つことも難しい傾向があります。だから私たちは、「好き」や「得意」、興味関心を明らかにし、関心のあることや自分が実現したいことに対して挑戦する「Learning by Doing」の学習モデルを提供しているのです。

私たちは、世界50カ国、５００件のオンラインで実施可能なインターンシップ先を持ち、世界中の多様な領域に精通するモデレーターを擁しています。

彼らの協力を得ながら、生徒がチャレンジして、自分の興味関心の所在を確かめることをやってみたり、さまざまなプログラムや交流機会をつくることで、自分自身の本当のｗａｎｔ ｔｏに出会える機会をつくっています。多様な機会に出会うからこそ、生徒の心が動き、そこから気づきが生まれ、好きなことや得意なこと、やってみたいことが生まれるのです。

トーゴの障害者雇用を作る
障害者の割合が10名に1人というトーゴの布を使って、アパレルブランドを展開する企業でのインターンです。
ルワンダの母子家庭を救う
ルワンダでのプログラムを通じて、タイガーモブの参加者が起業したチームでのインターンです。
インドの教育問題解決
コロナでほとんどの学校がオンライン化したインド。巨大マーケットの社会問題となったオンライン教育に切り込むインターンです。
インドでスラムのシングルマザーを救う
ボーダレスジャパンのインドにおけるソーシャルビジネスで社会起業家の右腕として活動するインターンです。
インドネシアのサステナブルビジネス
オックスフォード出身のDr,Takamaとともに、EUや国連のプロジェクトを実装していくチームでのインターンです。
ブルキナファソで農業支援
政府主導のブルキナファソの農業支援プロジェクトです。農業、開発支援、ソーシャルビジネスのインターンです。

図5-8 タイガーモブが提供する長期の海外インターンシップ（筆者作成）

◉世界50カ国を舞台に多種多様な機会を提供し、生徒の探究の旅の始まりをサポート

年末年始はインド!
国際協力
クリエイティブ
スクール
inフィリピン
SUSTAINABLE INNOVATION CAMP
～SDGS達成に向けてアクションする9日間～
Tiger Mov, Inc.
Sustainable
Food
Academy
毎日の食事と地球の繋がり
DUBAI FUTURE
未来都市を駆け巡る
5日間
CARAVAN
Tiger Mov, Inc.
Go to
Togo

図5-9 9日～2週間の海外フィールドワーク「Tiger School」（筆者作成）

これこそ、今の日本の教育に必要な「Learning by Doing」の学習モデルです。

ここで一つ注意があります。違和感や好奇心を育もうとしても、頑なにやろうとしない生徒も当然のことながら出てきます。しかし、それはとてもすばらしいこととして受け止めてあげてください。本書の中で、何度か出てきていることですが、その態度も、「意思表明」なのです。

ある意味、こうした「意思表明」をしてくれる生徒とのコミュニケーションは気持ちがよいものです。

その理由は、生徒はありたい姿を持っているにもかかわらず、現状があまりにも違っているため、大きなギャップを感じ、やらないという行動を示しているのです。ぜひ、対面で話し、次の項目を聞いてあげてください。

- どうして、そのような態度を示すのか。
- 何が自分にとって違うと思っているのか。
- どうしたらよりよい時間にできると思うか。

話をするなかで、その子の本当のｗａｎｔ ｔｏが顔を出し、結果として人生のターニングポイントになるかもしれません。

これは私の持論ですが、最も個人的なことが最もクリエイティブな時間になるはずです。生徒がやりたい！ と思っているときに、それを実行することが最も吸収も表現も可能なのです。やらされているときに学べることはあまり多くなく、学びたいと思ったときに本当の学びの旅は始まる気がします。

少しでもよいので、やってみたいという芽が出ることがすべての出発点となり、生徒の探究の旅の始まりとなります。

ありたい姿のVｉｓｉｏｎとできそうな目標を決める

自分のやりたいことが少しでも見えてきたら、その先にある理想的な社会の姿を設定する機会を一緒につくっていきます。

ここで2つポイントがあります。

「1・ワクワクする大きな理想像を描く」

ｗａｎｔ ｔｏの先にある、実現したい世界は一人ひとり異なります。ちなみに私のｗａｎｔ ｔｏは「生きることの当事者を増やす」であり、その先のつくりたい世界は、「チャレンジャーであふれた世界」です。

自分で言うのも何ですが、10年や20年で実現できるようには見えない、むしろいつになったら達成できるかもわからない崇高なＶｉｓｉｏｎです。

でも、このような抽象的なもので構いません。

「そんな社会、見てみたい！」と思えるようなＶｉｓｉｏｎを描けることが大事です。私たち一人ひとりは、社会をよりよい方向に導く存在であるという前提は、どの時代も変わらない普遍的なものだと思います。そのために、学ぶことが大事であり、そうした学びのなかで、一人ひとりがありたい姿を描くことに非常に大きな意味があると思います。

ありたい姿を描くコツは、現状や今の延長線上で考えないこと、でっち上げでも構わないから理想的なことを思いっきりぶち上げることです。

これを「ムーンショット」と呼びます。これは、アメリカのケネディ元大統領が、ロシアとの宇宙開発レースで圧倒的に負けていた時代に、「アメリカは、１９６０年代の終わりまでに、月に人を送り、無事帰還させる」というスピーチをしたことから、こうした名前で呼ばれるようになりました。

実現したい未来を思い切って描き、そこから逆算して今やることを設定したら、一見、実現不可能に見えるものも、実現してしまう力があるのです。

ちなみに、２０２１年に日本政府が掲げたムーンショット（ありたい姿やビジョン）は図５-10のようになっています。

これらのことを今から想像できるかというとかなり難しいですが、とても壮大です。ぜひ学びの現場でも、そうしたムーンショットをたくさん打ち上げてみてください。

「2・できそうな目標を決める」

とてつもなく大きなＶｉｓｉｏｎを打ち立てたら、次はその中でできそうな小さな（当面の）目標を決めます。今はやっていないけど、ありたい姿に向かっての第一歩となることであれば、なんでも構いません。大きなＶｉｓｉｏｎはすぐには実現できるはずもありませんし、何事も目の前の一歩を踏み出すことが大事になるからです。

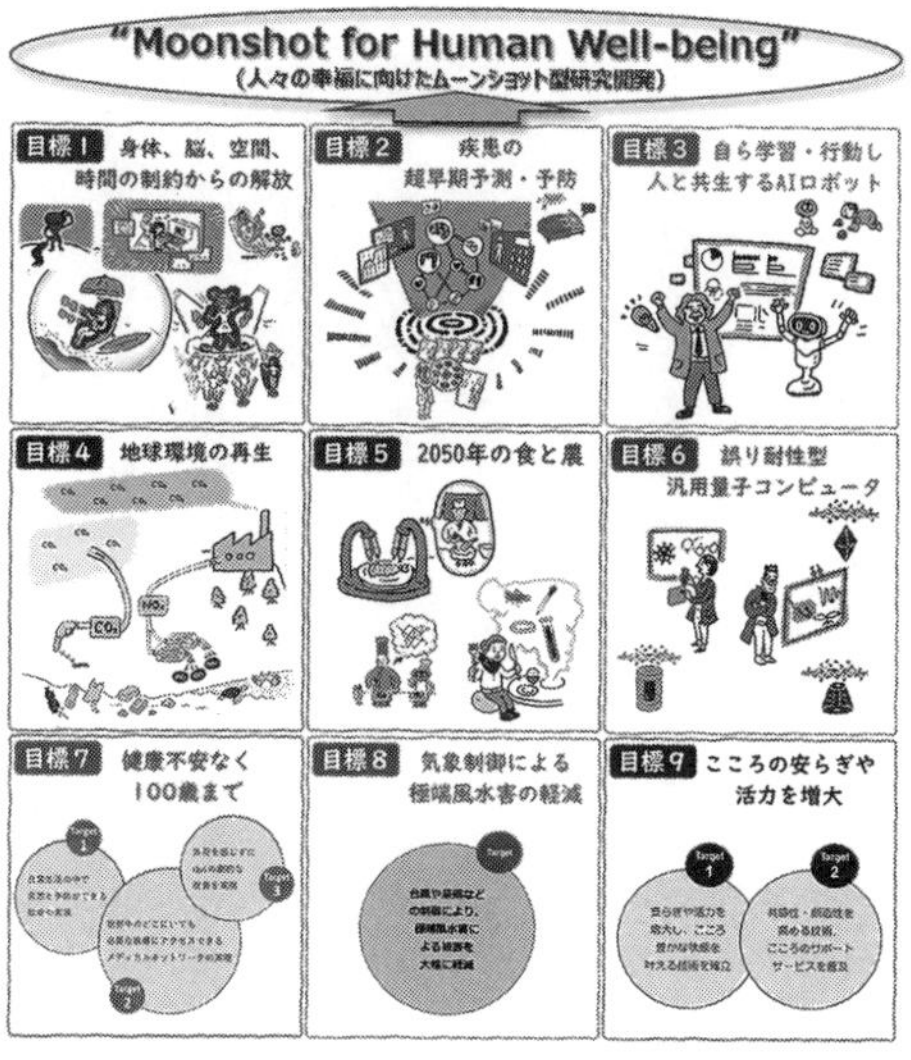
"Moonshot for Human Well-being"
（人々の幸福に向けたムーンショット型研究開発）
目標1 身体、脳、空間、時間の制約からの解放
目標2 疾患の超早期予測・予防
目標3 自ら学習・行動し人と共生するAIロボット
目標4 地球環境の再生
目標5 2050年の食と農
目標6 誤り耐性型汎用量子コンピュータ
目標7 健康不安なく100歳まで
目標8 気象制御による極端風水害の軽減
目標9 こころの安らぎや活力を増大

図5-10 日本政府が掲げるムーンショットVision（出典：内閣府）

たとえば、「食料と水の心配をしなくてよい世界をつくる！」という大きなＶｉｓｉｏｎを打ち立てたときに、さまざまな方策が見えてきます。その第一歩として、食料と水の問題を抱える地域を明らかにするというのでもいいでしょう。ＷＦＰ（国際連合世界食糧計画）の人に話を聞くのでも構いません。

そうした一歩を決めて、いつまでにやるかを自分の中で目標設定するのです。そして、その目標を定めた理由や仮説をきちんと言語化することが重要です。そして、それを実現

するために行動することが、生涯使える探究的な姿勢を養うことに繋がります。

目標：食料の現状について明らかにする

仮説：食料の現状について明らかになれば、次の効果的な一歩が見えるのではないか

こんな程度で構いません。

逆にあまりよくないのは、一歩が踏み出しにくい難しい目標を設定してしまうことです。自分でアクションを起こしたばかりの生徒にとって、探究的な学びを前進させることは非常に難易度が高いのです。たとえば探究的な学びが苦手な子には、その領域についての理解が深まることを目的として、何か話を聞きに行ったり、ちょっとしたボランティアに参加したりすることが、取り組みのハードルとして適切な場合もあります。

目標が大きすぎて現実味のないものは、あまり意味がありません。適切な目標設定は、「なんとなく想像できるけど、結果が読めないもの」です。別の言い方をすれば、「言っている意味はわかるけど、やり方は想像がつかないもの」くらいが、ちょうどよいのです。

ここで忘れてほしくないことは、できるだけ具体的な経験を直接得られる学びをすることです。せっかくVisionや目標が設定されても、抽象的な概念の学びだと、生徒は学びの臨場感を失ってしまって、内発的動機が下がってしまいます。ですから、具体的な事例や体験を通じて、知識や能力を養う機会が得られるように、先生はサポーターとして、ぜひともこの生徒の目標設定に寄り添い、よい目標を一緒に立てられるようサポートしてください。

生徒が決めた目標は後日振り返りを行い、結果どうだったのかを捉え直すことで、学びのサイクルは急に動き始めます。

現状をつかめ！　批判的な思考・視点を育てる

いわゆる「クリティカルシンキング」では、思考だけでなく、視点を育むことも非常に大切です。

どうして「視点」を持つことが大切か。正解のあることには、批判的な視点や思考は必要ありません。たとえば、１＋１＝２、人間は哺乳類である、地球は自転している。これらは疑いようのない事実です。図５‐６（P117）でいうところのFACTSについては、そのまま素直に受け入れて、自分が使いこなせればいいのです。

一方で、正解のないことには、さまざまな考え方や視点があります。仕事においても、これだけスピードが求められ、複雑化した時代ですから、いろんな正解があります。究極的には、正解はその時々で変わるため、何が正解かわからないし、何が受け入れられるかもわからない。自分が出した結論が絶対正しいと考えるのは危険で、自分と相反する立場の意見も複合的に考え、さまざまな角度から検証した上で自分の意見にいたらないといけません。

「探究的な学び」が科目の学びと違うところは、探究的な学びにはさまざまな答えがあり得るということです。

唯一絶対の解になることはあまりないので、そういう意味で、探究的なプロセスを通じて、自分のｗａｎｔ ｔｏに従い、活動し持論を持つ過程で、クリティカルシンキングは結果的に養われます。

なぜだろう？　これは本当かな？　どこからそう思うんだろう？　そうした素朴な問いかけがサポーターである先生やクラスメイトから発せられ、現状を捉えることを通じて、自分の意見を言える生徒がどんどん増えてくるのです。

そして、現状が見えてくると、自分が取り組もうとしていることの次の展開の選択肢がどんどん色鮮やかに見えてきます。

この活動を通じて、情報を疑い、自分自身が正しいと思ったことを支持したり、周りに流されることなく一本筋の通った意見を言えたりする、魅力ある生徒に育っていくのです。

こうした生徒を育てようとすると、逆に言うことを聞かない、なぜなぜとうるさい教室ができあがります。そんな教室ができあがったら、手がかかると思うかもしれませんが、それは自分たちで物事を推し進めていく力がある証拠と判断して、思い切って生徒たちにどんどん権限委譲し、先生はファシリテートに徹してみましょう。本当の主体性がここから顔を出してくるはずです。

ギャップが問題！　「差分（ＧＡＰ）」を言葉にする

現状が見えてくると、目標との「差分」が明確になります。純粋にどんな差があるのかを書き出してみましょう。シンプルに「ＧＡＰ＝目標－現状」を書き出すだけで、見えてくるものがあります。

先程の食料の話だとしたら、

目標：食料の現状について明らかにする

現状：知識がなく、何となく興味がある状態

ＧＡＰ：知識がない

知識がないことはわかりやすいＧＡＰとして存在します。このＧＡＰこそ問題で、それが示せたらあとは簡単です。自分が達成したい目標に到達するために、問題を解決するための方法を考えたらよいのです。

「知識がない」ことになぜだろうと問いかけると、「今まで関心を持ったことがないから」「調べ方がわからないから」などと答えが出てきます。さらに、深掘りしていくと、「これまでそうした世界のことを知る機会がなかったから」「自分が大きな夢や理想を描いてよい存在と思わなかったから」「何かを調べるといった機会に恵まれなかったから」などの答えが出てきます。

こうなってくると、さまざまなＧＡＰが追加されます。

- 調べ方がわからない
- 世界を知るきっかけがない
- 夢を考える機会がない
- 調べる機会がない

ここまでくると、生徒はなんだか少しずつできそうな気がしてくるのです。

「差分」を埋めるための解決策を考える

差分がわかったら次は簡単です。検索サイトで検索してみてください。解決策はＡＩや検索エンジンが教えてくれます。

「解決策が思いつかない！」という生徒もいますが、スマートフォン、タブレット、ＰＣで一緒に検索してみましょう。すると、どうなるか？

こんなことを考えているのは世界でも私しかいないというような話でも、世界には同じようなことを考えている人がたくさんいるという現実をよくも悪くも目の当たりにします。今のところ探究の授業を展開するなかで、このアクションで行き詰まった生徒は一人も出ていません。

必ず検索サイトがどう進んだらよいのか、丁寧に解決策を教えてくれます。ダイレクトに解決策にならなくても、解決策を考えるヒントは必ず見つかります。

このタイミングでよく生徒が言うのが、「検索の仕方がわからない」。でも、大丈夫。そのまま文字をタイピングさせてみましょう。たとえば、「食料の知識がない」と検索してみてください。そうすると検索結果の1ページ目に「世界の食料問題」というサイトが出てきます。そこには自分が踏み出して知りたかった情報が書かれているはずです。

また、「世界を知るきっかけがない」と検索すると、一番最初に出てくるのは「Ｙａｈｏｏ！知恵袋」。そこにはいろんな解決策を提案してくれる人がいます。あとは、自分がやろうと思えたものをやってみることです。

解決策を決めたら、とりあえずやる！（ほぼ失敗する）

解決策を決めたら、そこから先はスピードがとても大切です。先生は、実行までの期限を生徒と一緒に決め、計画を一緒に考えることで一歩を踏み出しやすくします。

そして、何より、とりあえずやってみることです。

多くの人がここで足踏みしますが、その理由が「失敗するかもしれない」という恐れです。失敗したくない気持ちがあるのは非常によくわかります。一度失敗を経験してみると、失敗なんて大したことはないと思えるのですが、そう思えるまでの一歩が非常に大きいのです。

だからこそ、目標設定をする上で、小さな一歩を設定していたのです。また、先生が一緒になってやってみることで、怖さを軽減する効果もあります。

これは現実社会でも同じで、まさに「言うは易く行うは難し」です。時代を切り拓いてきたリーダーと呼ばれる人たちは誰よりも早くリスクをとって行動してきました。

その行動の早さが大事であり、変化が激しく正解もわからない時代においては、こうした行動までのタイムラグが少ないＯＯＤＡループ「観察して（Observe）、理解して（Orient）、決めて（Decide）、実行する（Act）」と呼ばれる方法で、早く安く失敗することが大切です。それができるようになるだけで、仮説検証のスピードが格段に上がり、ありたい姿に早く近づけるのです。

現実社会では取り返しのつかない失敗もなかにはあります。だからこそ、学校という安全な学びの場でたくさん失敗して、何が問題なのかを肌感覚で学ぶことが大切です。科目教育では、成功体験を積んでほしい、知識を習得し行動できるようになってほしいという願いが強いあまり、失敗することは望まれていないのが現状です。しかし、探究的な学びは違います。たくさん失敗して、そこから学ぶことこそが、探究的なプロセスと「Learning by Doing」学習モデルの価値なのです。

改善するなかで、「できた！」を積み重ねる

早く安く失敗を繰り返すうちに、解決策がうまくハマることがあります。そのとき、本当の意味

で「できた！」という感覚を手に入れられるのです。

この「できた！」という感覚が、一生忘れない財産になる「Actualization」です。

私は、幼稚園生のころに逆上がりができなくて、小学校1年生か2年生の夏休みに猛特訓してできるようになった記憶があります。そのときのことは今でも鮮明に覚えていますし、33歳になった今でも逆上がりのコツは身体に染み付いておりいつでもできます。手の握り方はどうなのか、足を蹴り出すのはどの方向なのか、腕の力の入れ方は？　たくさんの失敗を繰り返して、惜しいを積み重ねた結果が、「できた！」なのです。この具体的な経験こそ、精神的にも道徳的にも人が成長するために欠かせない学びです。

こうした体得経験は、私たちの生活のいたる所に存在します。たとえ、理論や考え方を頭でわかっていても、実際にできないとその人のものにはなりません。

ですから、私は、問題解決の方法論や、フレームワークから入る学びには意味がないと考えます。それは、本当の意味で使えるようにならないからです。

私たちが掲げる「Learning by Doing」は、改善をたくさん繰り返し、たくさんの失敗を乗り越えた先の、「できた！」を大切にしています。この体験こそ、人生におけるかけがえのない財産になると確信しているからです。

ですから、インドに連れて行っても、生徒を、英語で話さなければ生きていけない環境へ突き落とします。その中で自然と英語は話せるようになるし、学びたい気持ちさえあれば、必死になって質問し、自ら主体的に思考と行動を変容させていくものです。その中で獲得した持論や、育まれた自己肯定感は誰にも盗むことのできない宝物になります。

先生たちは、生徒の進化を認識し、それを伝えることで、コツコツ成長していることを自覚できる機会を提供することが重要です。

「評価」と「フィードフォワード」を丁寧に

学びを設計していくなかで必ず議論になるのが、「評価」です。

私たちは、基本的にすべて「自己評価」で運用します。もちろん、学校が約束することとしてルーブリック[9]を作成したり、コンピテンシー[10]を設計したりします。

しかし、それに納得感を示し、実際に取り組むかどうかを決めるのは生徒です。そして、探究的な学びにおいて大切なのは、生徒がその探究的な学びのプロセスのなかで、自分にとっての好きや得意、やってみたいことを見出し、それを実行していくなかで、「できた！」を積み上げられてい

9　学びの達成度を測るための評価手法の一つ。評価項目と基準を設定し、学習者本人と学習設計者の双方で学びをつくっていくために有効な手段の一つ。

10　ルーブリックを策定する際に、具体的な評価基準となりうる行動特性のこと。行動特性とは、高いパフォーマンスを発揮するために必要な行動や考え方を指す。

るかどうかです。

結果をどう評価したらいいかわからないという先生もおられますが、テストのようにアウトプットに正解があるわけではないのです。大事なのは、そのプロセスであって、プロセスの中で本人が主体的に楽しく探究的に学べているかです。過度に本人の活動にフレームワークを供給したり、アウトプットの形式を規定するようなことはしません。その理由は、かたちを整えようとすればするほど、生徒の学びの機会は失われていくからです。

ですから、ルーブリックやコンピテンシーを示すことはあっても、本人が考えるテーマを踏まえて、時期を見計らって目標設定をするのです。そうすることで、主体性を養う機会ができ、自分で自分をコントロールすることを学ぶのです。

目標を与えたり、評価軸を採用しない理由は、主体性を奪うことをよしとしないからです。もちろん、私たちが考える学びと人材育成像に当てはまらないだけであって、評価軸を一律で決めることで得られることもあると考えます。

一方で、総合型選抜入試などでは、順位がつくことは生徒にも必ず伝えています。そして、合否の結果が出ても、私たちは不合格という言葉を使わず、「未」合格という言葉を使います。すべての生徒はいつかその座に座ることができるチャンスがあります。諦めなければ、そのチャンスを掴み取ることはできます。不合格というレッテルを貼ってしまうと、烙印を押されたような気持ちになりますが、「まだ受かっていないだけ」となるとだいぶ気持ちが違うのです。

生徒に必要以上に呪いをかけて、自己肯定感を下げる必要はありません。言葉選びの一つからしてとても大事です。

そして、生徒の選択を支援するという意味で「フィードフォワード」もとても大事です。「フィードフォワード」にはさまざまな定義がありますが、私たちは「未来に対しての提案」としています。

そのため、キャリアやアウトプットに対してもっとよくなる提案や、参考になりそうな考え方、情報を提供します。ファシリテーターの声かけによって、生徒の人生がより良くなることが大事であり、そのために必要な提案を行います。

「フィードフォワード」が「フィードバック」と異なる最大のポイントは、過去の問題や欠点にフォーカスして改善を促すことであり、ある意味テストにバツがついていることと変わりません。

しかし、テストにバツがついていたとしても、そこに解決のためのヒントが書いてあったら、その次の瞬間から生徒はできるようになる気がしませんか？　過去の問題点を指摘するだけでなく、未来に向けて提案をする、それが「フィードフォワード」です。

とくに日本人は、フィードバックのカルチャーがなく、よく自分を攻撃されているような気持ちになる生徒が多いのです。本来そういうものではないのですが、民族的な特性とでもいうのでしょうか。フィードフォワードをすることで、そうした自己肯定感が下がるような瞬間を減らし、健全な状態で活動に集中することができます。

振り返りと「Will Pitch」

私たちが最も大切にしているのが、先に述べたリフレクションです。自分自身の本当のwant toを抽出したり、個人の好きや得意を引き出すための道具として使っています。

しかし、ここではもっと大きな視点で振り返りをします。

日々の小さな経験学習サイクルに対しての振り返りが自分の知恵になることもあるのですが、１カ月、３カ月、半年、１年、３年と時間軸を伸ばし、かつ対象を広く捉えることで、学びをより深め、人生の糧となる気づきを取り出すことが可能です。

私たちは、日々の活動については、「シングルループのリフレクション」を行っています。

つまり、今自分がやっていることに対してのリフレクションであり、自分が一度決めたビジョンや目標に対して実践し、振り返りをするのです。こうすることで、目標達成のためにコツコツ頑張っていく過程で気づきを得ることができ、その結果、自分だけの知恵を蓄えることが可能です。

そして、ある一定周期で行うのが、「ダブルループのリフレクション」です。

「シングルループのリフレクション」が今やっている活動そのものにフォーカスするのに対して、「ダブルループのリフレクション」は、なぜやっているのか、その理由や背景、自分自身の動機にフォーカスします。つまり、「シングルループリフレクション」も含めて振り返りをするのです。

このときフォーカスしているのはクリエイティブテンションであり、自分がわざわざ時間を割いて今の活動をする理由に目を向けることで、自分の動機や気持ちを整理して、何が自分にとって大切なことなのかを知る機会として活用します。主に価値観や信念をアップデートすることが目的です。

この2つのリフレクションをカリキュラムに織り交ぜながら学びを行うことで、生きていくために大いに活用できる自分の「強み」や「好き」、want toを言語化します。

そして、その活動そのものを自分が続けていく理由や、大事にしたい価値観、譲れない信念をアップデートすることで、それは強くしなやかな自分らしい活動へと昇華していくのです。

また、私たちは半年もしくは1年を節目にして、自分たちのやってきたことや活動を通じた気づきを共有する「Will Pitch」という場をつくっています。

- 自分のやりたいことは何か
- やりたいことを通じてどんな社会を実現していきたいか
- 実現するために、何をするのか
- これまでどんな取り組みをしてきたのか
- 取り組みを通じて、どんな気づきがあったか
- 自分の中で生涯大切にしたい信念や価値観はどんなものと定義しているか
- 志を実現するために、今後どんな活動をしていくのか

・みんなにぜひ協力してもらいたいことは何か
・感謝や伝えたいことは何か

このような内容で、一人ずつ話してもらいます。そうすることで、先生は、生徒の探究のアセスメントをすることが可能になります。そして、生徒本人は、自分がなんのためにやってきたのかを整理して、振り返ることができるのです。

よくポスターセッションを最終ゴールにしているのを見ますが、別にこのタイミングでは綺麗にポスターを作らなくても問題ありません。自分なりに振り返り、伝わるように考えてくれればそれでよいのです。

私が長野日本大学学園で「世界部」という活動をやっているときも教科書を最後につくろうと企画して、生徒たちがアウトプットしてくれたのですが、その内容を図5‐11～14で一部紹介します。

小学生から高校生まで混じっているプロジェクトという性質もあり、ある程度枠組みをつくっての学びを展開しました。

これをレポートした生徒はもともとおとなしい性質で、本人も言っていますが、失敗したくないタイプだそうです。

そういう状態からスタートした生徒たちが、「何事にも挑戦することの大切さ」を活動を通じて体感してくれた様子をみて、私と学校の先生たちファシリテーターは本当に喜びました。

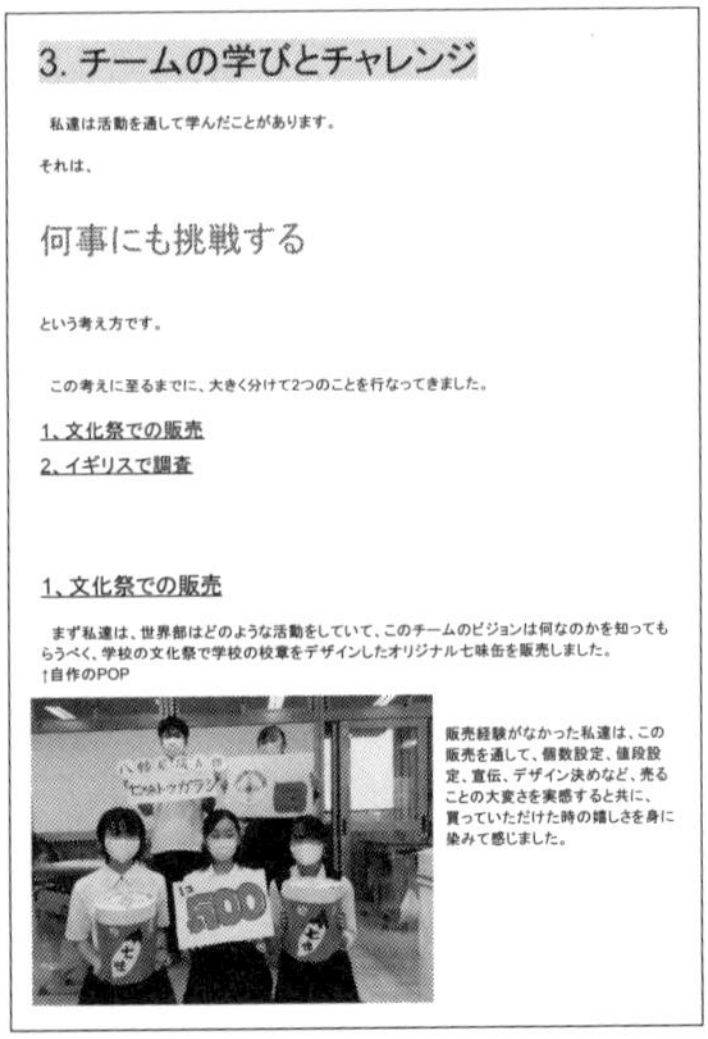
3. チームの学びとチャレンジ

私達は活動を通して学んだことがあります。

それは、

何事にも挑戦する

という考え方です。

この考えに至るまでに、大きく分けて2つのことを行なってきました。

1、文化祭での販売

2、イギリスで調査

1、文化祭での販売

まず私達は、世界部はどのような活動をしていて、このチームのビジョンは何なのかを知ってもらうべく、学校の文化祭で学校の校章をデザインしたオリジナル七味缶を販売しました。

↑自作のPOP

販売経験がなかった私達は、この販売を通して、個数設定、値段設定、宣伝、デザイン決めなど、売ることの大変さを実感すると共に、買っていただけた時の嬉しさを身に染みて感じました。

図5 - 11 「七味とうからし販売チームの活動1」_長野日本大学高校生徒作成_2022_3_31

↑文化祭販売時の宣伝チラシ

結果は100缶完売、再販決定！
このままトントン拍子で世界まで売り出せるのではないかと考えていましたが、世界の壁はそんなに甘くありませんでした。

図5 - 12 「七味とうからし販売チームの活動2」_長野日本大学高校生徒作成_2022_3_31

生徒たちが学びを通じて、生涯使える知恵や物事の取り組み方を獲得することは、日本や世界の未来を大きく左右する大事なことだと私は信じています。こうした「挑戦する教室」のデザインの考え方を踏まえてもらえれば、それも十分可能です。皆さんも実践しながら、失敗しながら、生徒のかけがえのない人生に向き合ってください。過去の先生たちもそうしてオリジナルの学びを構築してきたのです。

関係性がすべて。生徒をリスペクトする

ここまでさまざまなことを書いてきましたが、探究的な学びの時間がうまくスタートするためには、生徒と先生双方の信頼関係が欠かせません。先生が自分たちの学び

その後私達は何をするのかで行き詰まってしまいました。

そんな時、情報屋の先生が私達にある情報を下さいました。

「イギリスで日本のカツカレーが流行っているらしいよ。」

早速インターネットで調べてみると、イギリスにある『wagamama』という日本食チェーン店のカツカレーが現地で大人気だということがわかりました。

https://images.app.goo.gl/552gPMABuE5Tfm5u5

wagamamaのホームページを見てみると、ベジタリアンとヴィーガンの人のためにメニューには写真のように、ベジタリアンとヴィーガンを選択するボタンがありました。

図5 - 13 「七味とうからし販売チームの活動3」_長野日本大学高校生徒作成_2022_3_31

セイタンでできたカツはというと、駄菓子のソースカツのような薄さで、
駄菓子のソースカツの方がソースがしみ込んでいておいしかっただろうな、、、とこの薄いセイタンカツを見て思ったそう。

『日本人に大不評！イギリスの日本食レストラン「wagamama」でカツカレーを食べてみた』より引用

ちなみにお値段なんと「£15」(日本円で約2,000円～)！
かなりお高めです。

正直「日本食チェーン店」というのもあり、日本のカレー風になっていると思っていました。
そのため、日本の味に合うように作られている八幡屋礒五郎さんの七味唐からしには合わないという結論に至りました。

2、イギリスで調査

七味はイギリスのカツカレーには合わないという結論から、私達は再び行き詰まってしまいました。

そんな私たちを見かねて、いつもお世話になっているタイガーモブの寛大さんがこう提案をして下さいました。

「現地の人に七味食べてもらっちゃえば？」

そう言うと寛大さんはイギリス留学予定の知り合いの方を紹介して下さいました。

それからその方と連絡をとり、七味をイギリスの現地の方に食べていただきました。
結果はなんと、

食べていただけなかった！

イギリス人の大半が辛いものが苦手ということもあり、食べていただけなかったそうです。

その後メンバーと相談して、オリジナル七味を調合することに決定しました。

その第一歩として、八幡屋礒五郎さんの工場見学を予定しています。
そこで、七味の素材や製造工程を実際に目で見ようと思い、行くことに決めました。

図5 - 14 「七味とうからし販売チームの活動4」_長野日本大学高校生徒作成_2022_3_31

をサポートしてくれる存在であること、そして頼りがいがあることが生徒に伝わらないと、探究的な学びにおいて、熱狂した空間をつくることは難しいのです。

まず、生徒を信じることが大切です。生徒が実現したいことに耳を傾け、そのためにできることは何か、どんなサポートができるのかを伝えることが必要です。

また、演繹的な学びと違って、文脈が個人的なものになっていきます。そして、人によって得られる理解も千差万別です。仮に40名のクラスを受け持つことになるのであれば、おそらくほぼ同じ数だけの探究的な学びが生まれると思います。日頃の生徒の様子を見ながら、フォローが必要な生徒、自走する生徒、今は考えさせる生徒など、タイミングを見計らいながら、探究的

な学びを進めていくことが必要になります。

学びは、アーティストのライブのようなものです。与える人・受け取る人のような関係性ではなく、アーティストとオーディエンスの相互作用でよりよくしていけるような関係づくりをすることが欠かせません。

第６章　グローバルな視野がエンパシースキルを育む

特定の地域、国内だけを舞台にする問題点

タイガーモブは、世界を舞台にした実践的な学びの機会を提供しています。その世界には、当然ながら日本も入っていますが、私たちは基本的に地域に密着することだけを目的にした活動を奨励していません。

今の小学生から高校生が生きていく時代を想像してほしいのです。

そこに、日本人だけでやっていく世界はあるでしょうか。

そこに、自分たちさえよければよいという発想で生きていける世界はあるでしょうか。

答えは言うまでもなく、否です。

「システムシンキング」という考え方が言われて久しいのですが、ご存じでしょうか。図６－１

◉熊平美香『システム思考の教育とは』

図6-1「まず、考えてみよう」(一般財団法人クマヒラセキュリティ財団)
https://www.kumahira.org/about_system_thinking

が、一般財団法人クマヒラセキュリティ財団が提唱するシステムシンキングを小学生の子どもたちに伝えるときの資料です。

少し哲学的になりますが、未来を想像すると、社会は今よりもさらに拡張していきます。ダークマターやダークエネルギーといった宇宙の謎は今よりも解明されるでしょうし、生命の謎や、治療法が存在していない病気の治療法確立など、私たちが知っている世界は今よりも確実に広く、深くなります。そんな拡張した社会で生きていく生徒にとって、日本という限られた場所に視点を留め、視野を狭める理由はないと考えます。

しかし現状は、日本人全体の世界への距離は心理的に離れていると言わざるを得ません。その証拠に、日本人のパスポートの取得率は20%そこそこです。その理由は、安全面の不安と言語の不安があるためと言われています。事件や事故が少なく、世界一安全で、言語も私たち日本人しか使わない閉鎖的な環境である日本が、これから世界を牽引するような存在感を示せるでしょうか。その可能性は低いはずです。

ですから私たちは、生徒にこれまで与えられていた日本だけで通じるような前提を、全部ぶっ壊すような学びの機会をめざしています。たとえば、日本人の学生と価値観が１８０度異なる海外の学生とディスカッションする機会をつくり、日本で生活していると想像できない新興国での生活環境を目の当たりにさせて、今まで触れたことのない宗教の実態や多様な国の働くことに対する価値観の違いなどを知ってもらいます。それ以外にも多様な手法を用いて生徒に、日本の当たり前が世界から見るとどれほどおかしいのかを感じてもらうのです。

また、地域や考える幅を小さくすればするほど、確かにその領域については明るくなるし、精通します。しかし、そこには２つの問題が残ります。

ひとつは、そもそも、その領域に明るくなることの目的は何か、ということ。

もうひとつは、本当に生徒が望んでいるものなのか、ということです。

探究的な学びを展開する上で大切なことは、内発的動機や主体性であるという話をしましたが、さらに簡単に言えば、生徒自身が「選択」することが大切です。生徒が自分で「選択」し、実行していくことに最も価値があるのです。ただし、「選択」するにしても、目の前の〝ありもの〟から選ぶのではなく、世界を広く見渡した上で、「自分はこれがやりたい！」というものを選ぶことが大事です。そうでなければ、大きなビジョンを描くことも、学びが広く、深くなることも、心の底から自分で選択したと思えることもないでしょう。

これだけ多くの人やもの、情報が支え合ってできている社会は、歴史上未だかつてないはずです。そうした時代に、自分の主体的な姿勢と気持ちを大事にすることで、人生を豊かにすることが可能だと考えるのです。

ですから、一度視野をグッと広げる機会を設け、その上で生徒自身がテーマに取り組む場所を「選択」することが大事です。そうすることで結果的に視座も高まり、より深い学びに到達することになるでしょう。

「三方よし」が小さい日本社会

みなさんが大好きなチョコレート。板チョコであれば、100円程度でどこでも買うことができます。まさにグローバリゼーションの恩恵です。販売する企業は業績好調で、買い手である私たちも味には満足する人が多いでしょう。

しかし、ここで少し考えてみてほしいのです。

- チョコレートの原料は何か
- 原料はどこで作られているか

・作っている人の生活はどうなっているのか

チョコレートは、主にカカオと砂糖が原料です。農林水産省のデータでは、砂糖の生産量が世界一の国はブラジルです。また、カカオはコートジボワールが世界一の生産量を誇っています。

私がこれまで調べてきた範囲では、カカオ約50グラムで板チョコが一枚できます。そして、カカオポッドというラグビーボールのような形の果皮の中にカカオ豆はおよそ250～300グラム入っており、一つのカカオポッドから5～6枚の板チョコができます。カカオ1キロの買取価格はおよそ170円。20枚の板チョコを作るのにカカオにかかる原価は200円にもなりません。

コートジボワールにおけるカカオの生産量は年間約200万トン、カカオ農家はおよそ100万人います。

さて、一人当たりいくらの収入が見込めるのか？　彼らの生活はどうなっているのか？

ここでもう一度考えてほしいのです。

・あなたがカカオ農家だったら、今の買取価格に満足しますか？

・今後消費者としてあなたはどんなチョコレートを買いますか？

日本で言う「三方よし」とは、「売り手よし、買い手よし、世間よし」の3つです。

自分の消費を支えてくれている農家の方、加工してくれている方、その人たちの家族のことまで考えたら本当に「三方よし」になるでしょう。

日本人の「三方よし」の社会は、「近所付き合い」という文脈で捉えられがちです。しかし、グローバル化した社会においては、地球全体を想定して使うべきではないでしょうか。日本国内の特定地域、しかも教室だけに留まっていた場合、地球全体を踏まえた発想は出てくるのでしょうか。また、教室と社会の間に断絶がある状態で、生徒がこれから生きる時代を想像して探究したり、行動したり、自分の人生を考えることが可能でしょうか？

私は、なかなか難しいと考えます。

ガラパゴス化する日本

そして、もう一つ、私たちの認識では、日本は変わった国だということへの自覚は極めて薄いと思います。

皆さんは、日本が世界から「お買い得な国」だと認識されていることをご存じでしょうか。日本は、何を買っても、どこに行っても安いと思われています。アメリカは、朝食を外で食べるのに5000円もすることがザラです。ラーメンを食べてビールを1杯飲んだら、3000円なんてあっという間、それにチップがプラスされるのです。それが日本だと、朝ごはんもお昼のラーメンも、1000円にいくことはほとんどありません。しかも、とてもクオリティも高く、サービスも丁寧で、優しいです。唯一、英語が接客時にあまりにも話せないということはありますが。

本章の冒頭でも触れましたが、私たち日本人はあまり外に出て行かない国民です。島国という特性も後押ししているのか、５人に１人しかパスポートを保有していないのです。韓国やアメリカは約40％の人が保有しており、Ｇ７の中で日本の保有率は最低です。

また、日本語という言語の難しさも際立つ特性です。海外から外国人労働者がたくさん来日していますが、日本語という言語の難しさは極めて大きなハードルになっています。日本の大企業でグローバルに事業展開していても、日本語が話せないと受け入れられない場合が非常に多いのです。また、日本は現金払いのカルチャーが非常に色濃かったりします。私が中国に出張に行くと、財布を出すことはありません。携帯電話とパスポートがあれば十分です。

さらには、日本におけるプライベート（自分のこと）とパブリック（仕事のこと）の優先順位とは逆になっていることがあります。外国のなかにはプライベートを最優先にし、仕事をできるだけ休むことも当たり前のようにあります。有給休暇が取れないと嘆く日本人の考え方が信じられないと目を丸くされることもしばしばです。また、プライベートとパブリックが同じ優先順位であっても、１カ月や２カ月くらいの長期休みを取る国は多くあります。それでいて、日本よりも高い労働生産性を誇っているのです。

アフリカの人には、日本人がそんな長い時間働いていることを知ると、病気を心配される始末です。

教育現場でいえば、繰り返しになりますが、フィンランドの公立学校では遅くとも17時には先生たちは帰ります。多くの先生が15時くらいには帰ります。日本の先生にこのような事実を伝えると、文字通り開いた口が塞がらない状態になります。

いかがでしょうか。日本の常識は世界の非常識であることがおわかりいただけたでしょうか。私たちが普段生きているなかで培われている物事の考え方や、見る上で使っている尺度は、世界で通用しないことがたくさんあるのです。

ＳＤＧｓや、グローバルシチズンシップという言葉がさまざまな場所で語られているなか、特定の地域と国内に留まって考えることは、果たして健全なのでしょうか。日本人にしかわからない感覚になっていくことが、ガラパゴス化を助長し、子どもたちの未来の可能性に蓋をすることに繋がるリスクとなっているのです。

グローバル社会の一員と自覚して取り組む

「グローバル人材」という言葉は日本でも頻繁に使われています。そして、そのほとんどの定義が「英語が話せること」になっているように思います。果たしてこれは、本当の意味で「グローバル人材」なのでしょうか。

タイガーモブは、アジア・アフリカ・南米・ヨーロッパなど世界50カ国のパートナーの皆さんと一緒にプログラムを企画、提供しています。皆さんの力を借りることで、私たちタイガーモブのスタッフでもわからない現地の最先端や日本との違いを参加者の皆さんにお届けできるのです。

図6-2 野生生物の現状を覗きに、南アフリカクルーガー国立公園でバーチャルサファリ体験（photo credit by Yuka on Safari）

図6-3 私たちが日常的に消費しているコーヒー豆の生産者に家庭用エネルギーと有機肥料を生成できるキットをオンラインイベントで寄付した際の映像（筆者作成）

高校生を対象にオンラインで新興国の様子を見たり、対話するプログラムを実施してよく出てくる意見は、「新興国では長期的な目線を大事にして、全員に教育を受けさせるべきだ」というアイデア。確かに、そのアイデアは一つの解決策としてありえると思いますが、現地の人からすると、おそらく怒りを買い、「そんなことはわかっているよ！　それができないから大変なんだよ！」と言われておしまいです。実際にそういったシーンに遭遇し、ある意味ショックを受ける生徒もいました（これも学びのなかだから許される失敗の一つです）。

世界の現実は、そんなに簡単ではありません。複雑で、いろんな背景があるのです。そのことを理解せず、自分たちの目線から見えてきたものだけで、アイデアを発表してしまうことは、非常にもったいないことです。

これは、日本という閉鎖的な環境で活動しているから起こる現象でもあります。私たちが、無意識にグローバル社会という言葉を使っている具体的なイメージの多くは、北米と西ヨーロッパ、とくにアメリカ・イギリスであることが多いと思います。

真のグローバル社会の一員である自覚を持つためには、世界中の人と触れ合うこと、そしてその人たちの背景を感じること、その人の立場になって考えることが必須です。こういった機会があるだけで、自分や日本という限定的な視点から考えられたアイデアにいたることは少なくなるはずです。

私たちが知らず知らずに持っている無自覚な前提を壊し、世界を広く知覚する。これがグローバル社会の一員であることを自覚するチャンスです。

それはたとえば、遠く離れたミャンマーの難民問題も、自分は関わりないといえる状況ではないと理解する機会を設けること――それが大事なのです。

生徒にとってはショッキングな出来事ですが、難民キャンプからライブで話をしていただく機会があったりします。どうして難民が出てしまうのか。紛争や対立、気候変動など要因はさまざまあります。サプライチェーンやバリューチェーンを使って自分の日々の活動がどのような影響を与えているのかを考える機会を設けるだけで、生徒の認識は、遠くの出来事が自分が関わる大切なことに変わるのです。

自分の行動を振り返り、世界と繋がっていることを自覚すること。それがグローバル社会の一員になることの始まりです。

時代に必要不可欠なエンパシースキル

世界のテクノロジーの発展スピードは凄まじく、世界を覆い尽くすことは間違いないでしょう。テクノロジーや科学の発展のおかげで、人間は地球に適応し続ける可能性を高めることに成功しています。

また、グローバリゼーションも、もはや止めることができない流れです。コロナ禍によって、国家間の移動は制限されましたが、結果的に世界経済はそんな状況下でも拡大を続け、資本主義というイデオロギーが世界を覆い尽くしています。

現代のほぼすべての国が他国との貿易活動なくして、存続・発展していくことは難しいのです。つまり、世界は、国境はあるものの、あくまでそれは人間の認識の問題であり、実態としてはその境目はテクノロジーやグローバリゼーションによって、どんどん消えていっています。その証拠に、Ｗｅｂサービスやアプリケーションは、国境を最も簡単に超え、世界的なサービスへと昇華することができます。

最近で記録的に流行したサービスといえば、「ｃｌｕｂｈｏｕｓｅ」。招待枠がメルカリで販売されるほど、ある種の社会現象となり、夜な夜な「ｃｌｕｂｈｏｕｓｅはイノベーションだ！」と誰かが話をしていたような気がします。しかし、今では水を打ったように静かです。

さまざまな制約を飛び越えて、世界で同時多発的に同じサービスが流行し、本当に価値あるものだけが生き残っていく世界。ある意味、テクノロジーとグローバリゼーションの象徴だったように思います。

そんな、世界が一つに繋がっている時代に、私たちが大切にしたいスキルが「エンパシースキル」です。

ブレイディみかこさんの著書『僕はイエローでホワイトで、ちょっとブルー』の中で紹介されていて初めて知ったのですが、「自分で誰かの靴を履いてみること」という文はまさにピッタリの表現で、誰かの視点で世界をみたり、感じたりすること、それが「エンパシースキル」です。

テクノロジーの飛躍的な発展とグローバリゼーションで、私たちは世界と深く繋がっています。遠く離れたアフリカの人たちと同じトピックについて話すことができます。そして、それについてどう考えているのか、意見交換することができます。

ただ、私たち一人ひとり、置かれた立場や過ごした環境によって感じ方や表現が大きく異なります。それをまずはしっかり受け止めた上で、自分の頭で考えて、その上で自分はどう思うのかを相手に伝えることが大事です。

こうした繋がりや対話の中で、エンパシースキルやクリティカルシンキングは養われ、生きていく知恵となっていくのです。

当然、日本国内や、地域、クラスでもエンパシースキルを育む機会はあります。相手の立場になって考える。相手の側から考える。そうした機会をつくることや、互いに自分の近況や感じていることをシェアすることで、その人と接するときの行動や言動をどうしたらよいかを考えることができます。地域で年齢の違う方たちと交流することでもそれは育まれるかもしれません。

日本にもアイヌや琉球の人々がいて、それぞれ独自の文化的・思想的背景を有しています。しかし日本は今や、多くの人が似たような文化的・思想的背景になりつつあります。また、まったく対極にある意見や考え方に触れる機会はあまり多くありません。

それが、今まで知らなかった国や地域に行くことで、時間の感覚、物事の優先順位、思想、文化、言語、食事、振る舞いが大きく異なることが多いことに気づきます。

世界にはたくさんの認識があります。その認識を知り、受け止めることが、「他人の靴を履く経験＝エンパシー」となり、相手の側に立って考えることができるようになるのです。

自分にとっての正義が相手にとっての悪にもなりうることを知り、むやみに正義を振り回すことなく、対話を通じて、双方がよりよい状態をめざせる方向性を模索することができるようになるのです。

これが、今の子どもたちが主役になる２０５０年ごろに必要になる力ではないかと私たちは考えています。

第7章　探究先進校の学び——全国の先生にインタビュー

ここからは、これまでの考え方を踏まえて、日本全国の学校現場で具体的にどのような「学びのデザイン」がなされているのかを紹介します。私が意識したのは、タイガーモブが関わっていない活動も公平に取り上げることです。日本中の学校の先生に協力してもらいました。どの取り組みも世界を舞台に〝リーダー〟を育てるための活動です。対象年齢や取り組みの目的や背景によって学びの構造は異なりますが、日本全国の先生にとって、探究的な学びをつくる際の参考になれば幸いです。

繋がって飛び込みながら、地域の未来を創る

「Well-being explore ～ Think global, Act local ～」

梅北　瑞輝先生　宮崎県立飯野高等学校

担当科目は地歴公民（日本史）。２００８年に宮崎県立飯野高等学校に着任して15年目。現在は指導教諭、進路指導部長、キャリア教育推進リーダー。宮崎県からスーパーティーチャーの認定を受ける。文部科学省の普通科教育改革・ＷＷＬ連携の事業事務局長、地域みらい留学推進協議会理事、全国高校生マイプロジェクト宮崎事務局長などを務める。

実社会を学びの場に

地域に貢献できる人材を育成するというのが、創立当初からのわが校の変わらない大きなミッションです。スクールポリシーのなかにも、「次世代を見据えた地域との協働を推進し、生徒が地域と自らの将来を探究することでグローバルな視点をもち、地域の魅力創出及び地域社会に貢献できる人材の育成をめざす」と掲げています。

わが校の特色ある学びのひとつは、地域に密着し、地域の課題を解決する探究的な学びです。課題の多い地域だからこそ、実社会を学びの学習環境として捉え、学びの場をつくっていけば、社会課題を解決できる力を養う新たな学びができると考えたのです。全国に先駆けて２０１４年から地域をフィールドにした探究活動を始めました。今ではわが校を魅力ある学校に変え、他校との差別化に繋がっています。

「地域みらい留学」制度の導入

本校が誇れるのは「地域みらい留学」の制度です。

今年度（２０２２年）は県外から13名の生徒が入学しました。うち11名が新入生で高校の3年間を飯野高校で過ごし、2名が1年間飯野高校で過ごします。県外から入学してくる生徒たちは、探究活動を通して楽しそうに学んでいる在校生の姿をオンライン説明会で見ることができます。首都圏を中心に北海道から沖縄の13道府県の生徒が在籍しています。過去に入学した県外生はよく動く積極的な子が多い印象で、その子たちが地元の生徒たちと相互に刺激し合って、いい影響を与え合う学びの場になっています。

わが校の特色ある学びのひとつはオンライン学習です。コロナ禍前の２０１６年度からスタートし、現在はシスコシステムズのシステムを導入、「デジタルスクールネットワーク」参画校になり

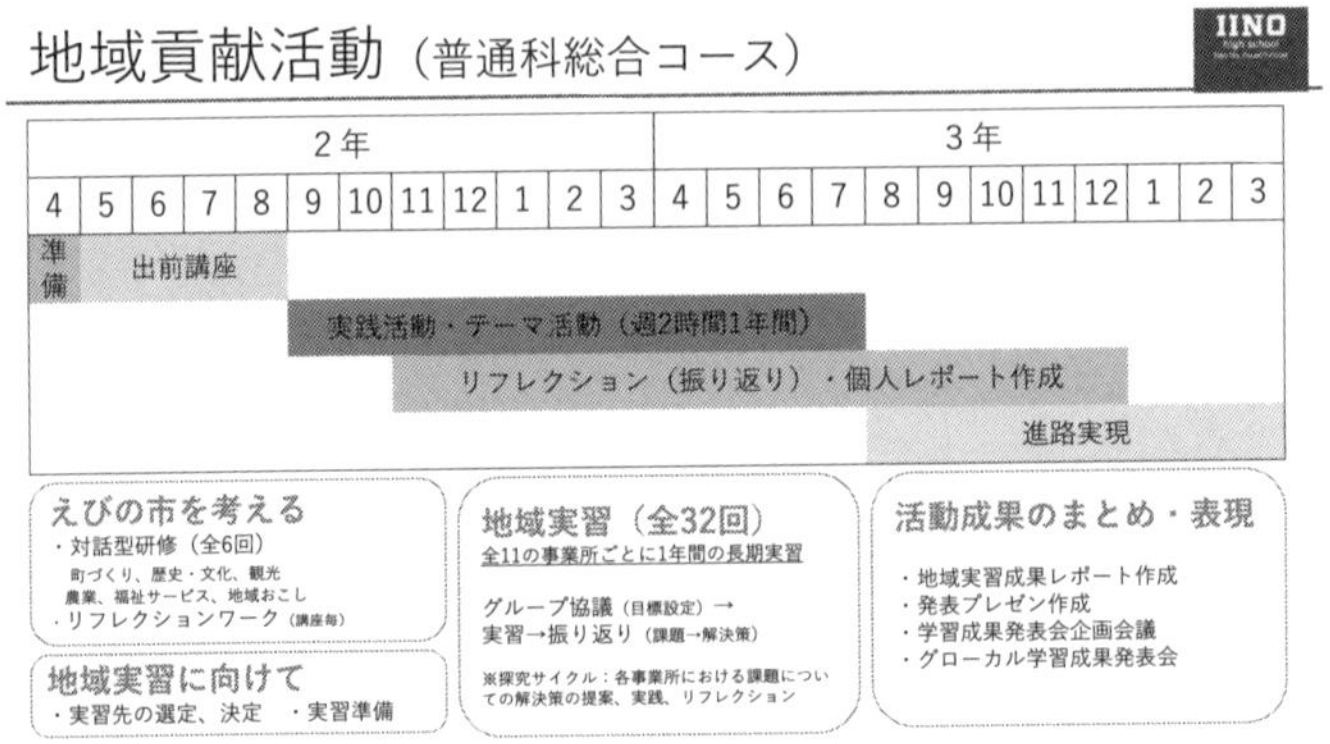

提供：宮崎県立飯野高等学校

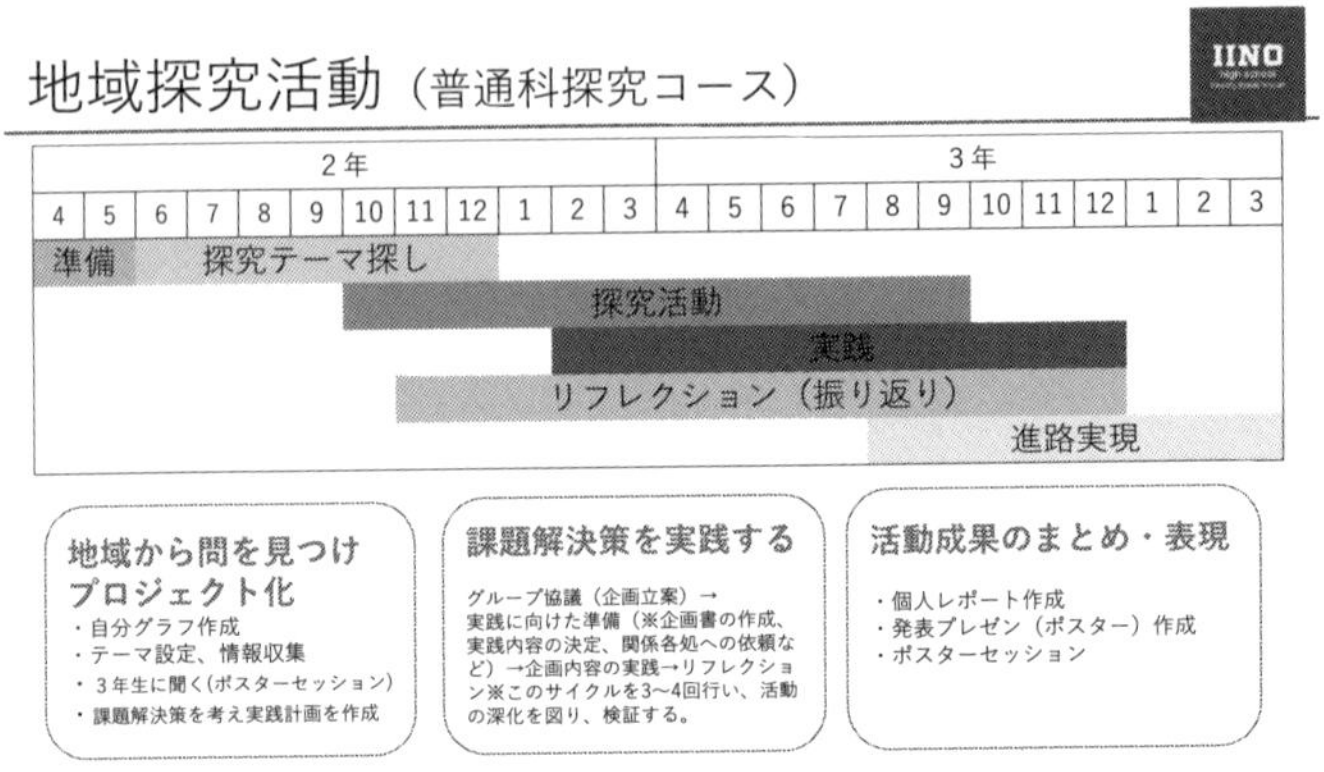

提供：宮崎県立飯野高等学校

ました。コロナ禍を契機に教育現場はオンライン化への対応を迫られていますが、当校ではすでにオンライン・ICT教育が当たり前です。

もうひとつの特色は、タイガーモブさんの「Well-being explore」をとり入れた飯野高校オリジナルのグローバル探究プログラムです。世界中から10名のゲストがオンライン講演に来てくださいます。その講演を聞いて、宮崎県えびの市という小さなコミュニティで育った生徒が、一気に日本の当たり前が当たり前じゃないことを知ります。

ゲスト講師の顔ぶれは多彩です。インドネシアから国連や欧州連合のプロジェクトを任されているオックスフォード大学の博士や、京都の西陣織の技術とアフリカ布を掛け合わせて、障害のある人たちに雇用と伝統文化を保持する活動をするアフリカ・トーゴの起業家など、世界中からこの宮崎の地にゲストとしてオンラインで講演してくれるのです。

この活動によって生徒たちは、いくつかのプロジェクトチームを立ち上げました。イエメンからコーヒーを輸入して世界の紛争地域の平和に貢献するチームや、水問題に関心を持ち、地域の水の様子を調べ、世界に誇る観光資源化をめざすチーム、オンラインの特性を活かして海外インターンシップを始めるチームなど、さまざまな活動が展開され、学校は生徒の「やりたい」を実現する場所となり、ある意味カオスです。

ただ、生徒は本当に楽しそうに活動をしています。

活動はまだ2年目ですが、タイガーモブさんが関わってくださった探究プログラムから本校で初めて、立命館アジア太平洋大学へ進学する生徒が出たほか、国立大学に総合選抜型、学校推薦型入試で合格する生徒を数多く輩出しました。

特色ある学びをつくるまでの挑戦の歴史

特色ある学びをつくった背景にあったのは、少子化により年々入学者数が減少するなかで、生徒数を確保するためには進路の実績を出さなければいけないというシビアな現実でした。進路指導を担当していたので、どうすれば実績を出せるのかと最初はかなり模索していて、その過程で県外の高校に数多く視察に行きました。視察した学校が共通して取り組んでいたのが地域を教材に使ったキャリア教育的な探究でした。活動を通して生徒たちが変わっていくのが視察のなかで少なからず見えたので、地域が教材であれば自分は飯野が地元なので、自分でもできるかな、ということで、探究的な学びをつくることにしました。

地域と協働して探究的な学びをつくるという現在のカリキュラムにたどり着くまでは、やはり大変でした。最初は誰もわからないので自分一人で全部考えて、それを学校全体に落とし込まなければなりませんでした。周囲の理解を得るために、開始当初は「進路で実績を出すためには探究プログラムが必要だ」とキャリア教育的な要素を探究に絡めていました。そのため、先生方に探究を理解してもらうことはそれほど大変ではありませんでした。

ただ、実際の授業は毎回手探りでした。私自身も進め方がわからなかったので、生徒たちの反応を見ながらやっていましたが、反応といっても、最初のころは何をやっても動かない生徒たちも少なくなかったのです。前例があるわけではないので、生徒たちも何をしていいかわからなくて当然だったと思いますが、動かない生徒たちを前に、どうアプローチをしていくか悩みました。そんな膠着状態を変える転機になったのは、探究学習2年目で参加したマイプロ（全国高校生マイプロジェクトアワード）です。締め切り前夜に申し込んで、生徒4人を「卒業旅行に行こう！」と連れて行ったところ、結果は準優勝。このことが「中身は未熟でも方向性は間違っていないんだ」という自信に繋がり、その生徒4人は在校生のロールモデルとして「レジェンド」と呼ばれています。

プロジェクトを自ら動かす生徒たち

挑戦した結果、嬉しかったことですか？　たくさんあるのですが、何といっても、プロジェクトを自ら動かす生徒が出てきたときですね。今では当たり前のように感じられるのですが、生徒が主体的に考えて動くということが、当時はあまり機会としてもありませんでした。

しかし、一部の生徒たちが本気になって動いて楽しんでいると、それに刺激を受けた生徒たちが、自分たちがやってみたいと思ったことを持ってきました。その結果、毎年のように全国の発表会に出る生徒たちが出てきました。

生徒の変化につられるように、学校全体もこの15年でものすごい変化がありました。私が来た当初は職員室で教科学習の話が出ることはほぼ皆無でしたが、それが今は「探究で子どもたちをこう引っ張っていこう」とか「こう育てていこう」とか、どう学習指導するかという話が先生たちの間で出る。驚くほど職員室が変わりました。

私の息子は卒業生で、娘が今在学生なのですが、自分の子どもたちが、他の学校も見た上で「飯野高校に進学したい」と決断してくれたときは、思わず泣きそうになりましたね。

先生をはじめ周りの反応はどう変わったか

一部の先生方は、生徒がイキイキし始めたのを見て取り組みを理解してくれていましたが、他の先生方は、「梅北がまた何かやってるな」という感じだったのではないでしょうか（笑）。

「探究的な学びを始めたいが、先生を巻き込むことができません。どうしたらよいですか」と質問をいただくことがよくありますが、答えは簡単です。あなたが始めて、かたちにすることを一生懸命やる、です。最初は大変なこともありますが、それを味わえるのは本当に一握りの先生だけです。チャンスだと思ってぜひ掴み取ってもらえたらと思います。

現在も探究活動は私が所属するチームがメインでやっていますが、以前と変わったのは、在籍するほとんどの先生がなにかしら探究活動に関わっていることです。担任や副担任も参加して、一緒にやったり声掛けをしたりしていて、そこが以前とは全然違います。

そして、わが校を見る周囲の目や評価が明らかに変わってきました。

この地域で普通科がある高校は飯野高校を含めて2校なのですが、以前は飯野高校はそれまで進学をあまり意識していない子どもたちが通う二番手の高校というイメージがありました。それが探究などの特徴的な学びを取り入れたことによって、進学面でもその他の面でも着実に実績が出てきています。

地域に関しては、最初は「何をやっているのかな」という雰囲気はあったのですが、ただ、始めた当初から、「高校生がこんなに頑張ってくれるのだから、自分たちももっと頑張らなければ！」という声も多くなってきました。活動をメディアに取り上げてもらったりすることで、地域活性化の輪が受け継がれ、広がってきています。

この地域の今までの価値観をある意味壊して、新しい基準を保護者や地域に提供できているのではないかと思っています。

教育を通して地域全体が変わる仕組みをつくっていきたい

今考えていることは、この地域でも、なにかしら「こと」を起こせるんだと思える子どもたちを増やしたいということです。教育を通して地域全体が変わる仕組みをつくっていきたいのです。地元では卒業生が在校生と協働するという事例も生まれています。こういった人の循環が生まれてきたときに、衰退していくと言われている地域が大きく変わっていくのでは、と期待しています。

「えびの市って、なんか元気だよね」という街になるように、地域を大きく変える活動ができる人を増やすために、校内・校外問わず動いていきたいです。

「こういうことがやりたい」という取り組みが組織のなかで孤軍奮闘だったとしても、いろいろな人との繋がりを基に進めていけば必ず広がっていくはずなので、そこを大事にしたいと思います。

地域に対しても、いろんな場に飛び込んでいくことで可能性や選択肢が広がります。ぜひ飛び込んで、とりあえずやってみてください。

そして、全国の生徒の皆さん、ぜひわが校に来てください！

伝統と革新をすり合わせ、10年・20年先も魅力ある学校を創る

「世界部〜長野の魅力を世界に発信しよう〜」

添谷　芳久先生　**長野日本大学高等学校・中学校・小学校**

２００５年、長野日本大学高等学校に就職。社会科教諭、教務主任を経て日本大学の付属学校では最年少の38歳で校長となる。幼稚園から高校までの15年間の一気通貫の学びの現場を牽引するリーダー。２０２１年度には、探究創造学科を新設、普通教育を主とする新学科を設立、驚きの倍率となる人気私立高校に育て上げた。

「ミライチェンジリーダー」を育てる

当校の校是は「学力の向上はまず人づくりから」です。私も教員時代に先輩からこの言葉を何度も繰り返し聞かされました。昔は「人づくり＝生活指導」という意味でしたが、現在はだいぶ変わってきており、学力などの可視化しやすい認知能力だけでなく、子どもの人生を豊かにする自己肯定感や協調性、思いやりなど、人の土台となるような非認知能力に紐づく人づくりをしていくこ

とを大切にしています。

そのためのキーワードが「ミライチェンジリーダー」です。

これから変容していくミライに向けて、変化を自ら求め、その変化を意味あるものにして、周りの人にいい影響を与えながら、みんなで進んでいくことを意味しています。探究的な学びの先にある人間像と言ってもいいかもしれません。

学校として「ミライ」と「協働」にこだわり始めたのは、私が学校長になってからです。当時は38歳でしたが、そのときからずっと、一人だけの力でやらないこと、みんなで創っていくことをいちばん意識し、先生たちや子どもたちが主体的に学校づくりに関わる機会を年々増やしてきました。

２０２１年に取り組んだ「新制服プロジェクト」もそのひとつです。当校は開校以来ずっと制服を変えてきませんでしたが、「変えたい」という声や、「ジェンダー平等」という時代の要請を反映させたいという想いからプロジェクトが立ち上がりました。先生たち、子どもたち、それに保護者にもプロジェクトに参加していただき、ミライに向かう長野日大らしい新制服ができたと思います。

自分一人でやろうとしても限界があります。周囲に聞いたほうが面白いアイデアが出てくるし、先生方も子どもたちも、そのほうがキャリアアップや成長ができると思います。誰かが決めた指示を待つのではなく、みんなが当事者意識を持って学校のミライに関われるのが、新しい当校らしさと思っています。

長野の魅力を世界に発信する「世界部」

長野の魅力を世界に発信する「世界部」プロジェクトや、新設された「探究創造学科」など、探究的な学びがわが校のいちばんの特色です。

「世界部」は、現在も60名以上が在籍し、学校でも大所帯の部活動の一つです。この活動の特徴は、小学生から高校生までの異年齢で学ぶこと、そして、自分が見つけた長野の魅力を世界に発信するために、自分で考えて行動していく機会を用意していることです。そのため、世界に発信したい長野の魅力を見つけるところから始めます。

当然、生徒の興味関心からスタートしているため、取り組むプロジェクトは多岐にわたります。日本百名水にも選ばれている安曇野の水や日本の伝統的食品、工業製品などを生産する長野の企業を世界に飛び立ちやすくするための法的・政治的アプローチ、長野の名産おやきやりんごの世界への販売、七味唐からしを活用した新しい商品開発など、さまざまな生徒が気に入ったテーマを扱っています。

そして、世界に魅力を伝えるために、海外企業との連携をタイガーモブさんにサポートしていただき、アジアやアフリカ、南米、ヨーロッパなど多様な地域との繋がりをつくっています。ときには生徒が、海外の連携企業からフィードバックをもらい、まだまだ考えが足りないことに気づいたり、インスタグラムですぐにでも売り出せる状況があることを知ったりと、学校では気づけない世界の可能性を見い出し、生徒は毎週楽しそうに活動をしています。

彼らの頑張りもあり、オリジナルの七味唐からしやおやきなど、どんどんユニークな企画が生まれ、累計販売金額は100万円を軽く超えると思います。

得られた利益は自分たちの研究開発にあてたり、世界との繋がりのなかで商品を一緒に開発する企業や現地で販売をする企業と交渉するための軍資金になっているようです。

この活動を通じて、長野の魅力に気づき、進路を地元の国公立大学に変更し、将来にわたって長野の魅力を世界に発信するためのマーケティングを学びたいと一歩を踏み出した学生や、東京大学の推薦入試を希望する生徒まで出てきました。

また、2021年度からスタートした「探究創造学科」は、探究的な学びの時間が豊富に用意されている学科です。従来の受験や偏差値にとらわれることなく、自分自身の特性を活かして、やりたいことにどんどん打ち込んでもらうコースで、「好き」をもっとも大切な言葉として扱い、「好き」を育み、「好き」で挑戦し、「好き」を表現することを大事にしています。

自分の想いをプレゼンで先生方に投げかける

いちばん苦労して注力したのは、先生方をいかに巻き込むかでした。そのために、職員会議で書類を配るのをやめ、私のプレゼンを聞いてもらうというかたちにしました。めざすべき方向性を文章で確認するのではなく、まずは自分の想いをプレゼンで先生方に投げかける。そのうえで、思ったことやフィードバックをもらって、次のプレゼンを練り直して、一つ一つ積み上げて先生方と歩みを共にしていきました。

私はこの学校で教諭からずっとやってきたので、カリスマ性や特別なスキルはありません。先生方の想いと自分の想いをその都度すり合わせて、段階を経ながら、その時々の自分のなかのベストの想いを共有してかたちにつくり上げています。

そして、コロナ禍の影響があり、想いやビジョンがかなり変わりました。正解がない問いが溢れている状況でしたから、とりあえずアイデアを出す、やってみる。正解かどうかわからないけれど、まず走り出してみる、といった気運が生まれました。コロナ禍はもちろん苦しかったのですが、不確実な状況ではとりあえずやってみないと何も進まない、というマインドセットができ、学校を進化させる原動力になりました。

生徒も先生も、変わりました

いちばん嬉しかったのは生徒が変わったことですね。「世界部」の発表など、いろいろなプロジェクトを経て堂々とプレゼンをしたり、先生がテコ入れしなくても、生徒たちがいい意味で勝手に動くようになったのは私にとっていちばん嬉しいことでした。先生は必要以上に伴走しなくともやるべきことに集中できるし、生徒は自分で動いているのが楽しそうです。双方にとって最初は不安だったかもしれませんが、ある意味まったく別の学校になりつつあります。

先生たちも変わってきました。以前は考えられなかったことですが、今は先生たちから提案がどんどん出てきます。とはいえ先生たちにもいろいろな持ち味があるので、急がず焦らず、伝統と革新を抱き合わせながら、いかに先生たちを巻き込んで一緒にやっていくかを考えています。

世界へ飛び出す地元の名産品

なかでも変わったのは「世界部」の生徒たちです。最初はお題ありきでスタートした生徒もいましたので、いまいち動き方がわからないようなところもありましたが、少しずつ活動を積み上げるなかで大きく変わりました。

留学生におやきを食べてもらい、海外の人たちの好みを把握したり、「いろは堂」という地域の有名なおやき屋さんで働かせてもらってお客さんの生の声を聞いたりして、学校の家庭科の先生や、企業の商品企画の担当者や工場長とともに、オリジナルの商品を開発しています。今度文化祭で販売しますが、プレミアム価格で通常の倍の値段なのですが、すでに予約販売でほぼ売り切れらしいです。

また、美容やコスメが大好きな生徒が、「八幡屋礒五郎」という七味唐からしで有名なお店とコラボして、お風呂の入浴剤を商品企画の人といっしょに開発しています。最初、唐からしが、どのくらいニーズがあるのかを見るために海外で試食してもらったのですが、そのまま持っていくだけでは自分たちらしい取り組みにならないし、競争優位性が見えないとのことで、入浴剤にシフトしたようです。現在、理科教室で試作品づくりにはげんでいます。これも、楽しみです。

授業スタイルが大きく変わった

先生方の変化については自分のなかでは今は過渡期、物語でいうと第一章・二章ぐらいだと思っています。自分から動いてアクションを起こしている先生に触発されて、変化の輪がじわじわ広がりつつあり、まったく興味を示さなかった先生がちょっと柔らかくほぐれてきました。「探究創造学科」や「世界部」があと2～3年稼働していくと、柔軟にフレキシブルに動く先生が増えて取り組みが進む段階、第三章・四章になるはずです。

先生方からは、「なるほど、探究って要はそういうことなんだ」という声がよく聞かれるようになりました。よりダイレクトに感じるのは、通常の教科の先生方の授業スタイルが如実に変わってきていることです。授業の間ずっと説明をしている先生はいなくなり、フィードバックやリフレクションが必ず授業に取り入れられています。これは探究プロジェクトを始める前には見られなかったことです。

加えて、先生方が成長マインドセットを持つようになってきています。「この子は勉強できる、この子はできない」と教科学力だけで子どもたちを判断して会話をするのは、もはや恥ずかしいという雰囲気が学内にあります。先生方の生徒を見るマインドが柔らかく、温かく、幅広くなっています。特に「探究創造学科」の生徒たちのなかには学力の物差しだけでは魅力を測れない子が多く、そういう子たちが参加できる環境になったのはすばらしいことだと思っています。

子どもに好きなことをしてほしいと願う親心

昨年、「探究創造学科」の募集活動をしているときに、まだ実体がないにもかかわらず、学科の理念や「世界部」の活動に共感をしてくれた保護者が一定数いたことには驚かされました。偏差値ではなく「うちの子はここしかない」と思ってくださるダイレクトな反応は、とにかく嬉しかったですね。やはり子どもには好きなことをしてほしいと願う親御さんが多いことを改めて知りました。

地域の反応でいえば、「世界部」の活動や「探究創造学科」のホームページを見てくださった方からの問い合わせが増えました。こちらからお願いをするのではなく、企業や地域の方々から「一緒にコンソーシアムを組みませんか」とお声がけをいただくことは今までなかったので、これも驚きでした。これは、「長野日大には社会貢献のマインドを持った子どもたちが多い」という見方が増えているためだと思います。地域貢献することで生徒に育まれる成長部分に期待する先生方も増えているので、先生方から「こんな地域のイベントに生徒を参加させたいんです」という提案があったりもします。

県の教育委員会も当校に注目してくださっていて、「これやりませんか」と声をかけてくださるようになりました。探究や地域というテーマで生徒を中心に据えたとき、公立と私立の壁は一気になくなります。県教委のイベントに参加したうちの生徒と県立高校の生徒さんが一緒に交わることを、県教委も喜んでくれているようです。

高校・大学・大学院の一貫教育の通信制に挑戦したい

今考えているのは、広域通信制高校の立ち上げです。高校・大学・大学院の一貫教育の通信制を考えていて、長野にずっといながら日本大学の大学院博士課程まで学べることをセールスポイントにしたいと思っています。キーワードは「フリー」で、テストは一切やらずレポートのみ。学ぶ時間は自由。コロナ禍でオンラインというのが本当に注目されている今だからこそ、新しく立ち上げたいと思っています。

また、究極的にめざしているのは校則がない学校です。ルールやモラルを生徒たちが決定して、かつ運営を行っていく。職員会議に生徒たちが参加してもいいと思います。学校のカリキュラムも、今後は生徒たちや保護者の方々と一緒に開発するという視点も面白いと思います。みんながオーナーシップを持てるような学校が私のいちばんの理想で、たぶん楽しいと思います。

信念や「こうしたい」という想いを持つことは非常に大事なことです。すぐにできる場合とできない場合がありますが、想いを持って共有することがミライに繋がると思っています。ですから、先生方や生徒たちから「こうしたい！」という想いが出たときは、私は絶対に拒否しないようにしています。「じゃあ、まず考えてみようか」と、一緒になってどうしたらできるようになるか挑戦していきます。

信州に一度もいらしたことがない人はぜひおこしください。海だけはありませんが、他のものはほぼすべてあります。当校にもぜひ見学に来ていただけると嬉しいです。共感できたら、一緒にワクワクしながらお互いに学びましょう。それで、お互いの学校に少しでもプラスになれば嬉しいです。

世界に通用する人材を育てる学び

「ＦＬＡＧ〜自分らしい旗を掲げて実践しよう〜」

水口　貴之先生　**立命館宇治中学校・高等学校**

２０１０年、母校の立命館宇治中学校・高等学校に教員として就職。文部科学省へ出向し、「トビタテ！留学ジャパン【高校生コース】」の事務局を担う。同校が文科省のＷＷＬの指定を受けた際は、推進事務局ＡＬネットワーク部長としてさまざまなプロジェクトやイベントを牽引。２０２２年度から同校の国際センター長を務める。

スポーツと国際教育の２本柱

本校の特色はスポーツと国際教育を２本柱にしていることですが、生徒のやりたいことを叶えさせる教育ができる学校だと自負しています。

もともとは宇治高等学校という全日制家庭科の女子校だったのが共学になったという歴史があります。その当時は、１年以内に多くの生徒が学校を辞めてしまうという残念なこともあったそうです。

しかし、当時の先生方はなんとか学校をよくしたいという思いで頑張られ、とくに体育科の先生方は「生徒たちが3年間在籍し、社会に役立つ一人前の人間を生み出したい」と考え、自宅に部活動の選手を下宿させてスポーツの指導をやっていたそうです。

その指導の成果で、5つの競技（女子ソフトボール・陸上・レスリング・柔道・剣道）でインターハイなど全国大会で優勝する選手を多く育てました。

それをきっかけに、学校法人立命館が宇治高等学校を附属校として発足したのが立命館宇治高等学校です。

もともと学力が高い生徒が集まる学校だったというわけではなく、全国のスポーツ選手が日本中から集まるようになり、それを受けて他の生徒たちや教員も「スポーツに負けてたまるか」という雰囲気で学校全体が盛り上がっていきました。

このような学校の歴史やＤＮＡがあるので、本校は雑草魂というか、どんどん前のめりに何事にもチャレンジしていくという気風があり、多くある立命館附属のなかでも本校独特のカラーだと思います。

「レスリング一筋だから勉強ができない、英語も話せない」ではなく、スポーツで日本一になることをめざすのであれば勉強ぐらいはできて当然という考えです。命を賭けてやってきたスポーツを軽く思われないように、自分のやってきたことに誇りを持つためにも、スポーツ以外でも優れた姿勢をみせるという思いが私の根底にはあります。

（水口先生は、7歳からレスリングを始められ、インターハイで個人優勝・団体準優勝を果たしたスポーツマン。現役引退後、カナダに1年間の語学留学、カルガリー大学のレスリング部に所属。立命館大学卒業後、留学経験を活かしてスポーツ留学斡旋業「Ｄｏｏｒｗａｙｓ」を共同創業しました。その後教員免許を取得して現在にいたるという異色の経歴をもち、スポーツをこよなく愛する先生です。筆者註）

ＩＢ（国際バカロレア）の教育プログラムを採用

現在、本校ではＩＢ（国際バカロレア・International Baccalaureate）[11]という最先端の国際的な教育プログラムを中心としてＩＢ／ＩＭ[12]／ＩＧ[13]と、３つのコースに分けて教育しています。

そしてＩＢでの学びや考え方を、ＩＭコースやＩＧコースという日本の教育カリキュラムに応用

11　国際バカロレア機構（本部ジュネーブ）が提供する国際的な教育プログラム。現在、認定校に対する共通カリキュラムの作成や、世界共通の国際バカロレア試験、国際バカロレア資格の授与等を実施している。

12　全員がカナダ、オーストラリア、ニュージーランドいずれかの国に1年間、留学するコース。1人1校1家族のホームステイを通して、英語運用能力を養うとともに、異文化や耐用性への理解を深める。帰国後は、ほとんどの科目を英語で学ぶ「イマージョン授業」が実施されている。

13　科目選択の自由度を高めたＩＧコースのこと。それぞれの興味関心に合うように履修科目を選択でき、たとえば、文系進学希望者が専門的な理科や数学を履修したり、理系進学希望者が第二外国語や芸術を履修できる。

させられるように、中・高合わせて学校全体のカリキュラムをデザインしています。

カリキュラムをデザインした当時を振り返ると、本校が大切にしている「課外活動も重視する」「スポーツを通して人格形成する」などの価値観と合致していると感じます。

本校は大学附属ですので、大学受験に大きく影響されることなく、生徒が興味のあるジャンルについて探究できるカリキュラムや、アウトプットの場を多く経験できる教育をめざしています。

本校には、スポーツや課外活動に力を入れている生徒が多くいる一方、在籍する生徒の20パーセントは帰国生ですので、世界に挑戦したい生徒も多く在籍しています。そうした特徴を持ったすべての生徒が学びやすいようさまざまな教科科目を設定したり、どんな生徒にも必要な力を養う機会を用意しているのが、本校の特徴かもしれません。

常に積極的に新しいことにチャレンジし続けることが本校の特徴ですので、生徒本位に考え、どうすると世界で通用する人材に育つ機会を届けられるかと、先生たちが一生懸命に考えています。また、私学の小回りの良さを活かしながら、とにかくスピーディーにやってみるというのも特色の一つです。

スピーディーに始めた活動の一例として、オンラインＰＢＬプログラム「ＦＬＡＧ」があります。全国の連携校と共に放課後の時間にオンラインで繋がり、それぞれの生徒が極めたい探究テーマを見つけるプログラムをタイガーモブさんといっしょにつくりあげました。

生徒たちは全国のさまざまな地域で、多様な探究テーマや夢、問題意識を持っている同級生がいることを知り、その夢や問題意識を体現する場所が世界中にたくさんあることを知ることができます。学校の中ではなかなか表現しづらかった生徒が、このプログラムでは自分を開放して、すすんで発言するようになり、プロジェクトもスタートしました。初回から定員の50名に達するほどの盛況で、初回の３カ月が無事に終わりました。今は、次のチャレンジを準備しているところです。

「私たちはまだまだ成長できる」

改めて歴史をふり返ると、生徒たちのために何事にもチャレンジし、進化を続けている学校だと思います。スポーツ、国際、探究、ＩＣＴなど、どの分野においても私学の機動力を生かして、柔軟にベストな判断をすることを心がけています。

このような方針をとっている理由は「私たちはまだまだ成長できる」と常に思っているからです。このまま立ち止まってはいけない、もっと向上心を持って常に挑戦しなければ後退してしまうという思いがあります。

私立学校であることに責任を持ち、雑草魂を忘れずに「常に攻め続ける」というチャレンジングな教育を実践する考え方が根本にあります。

それは、私自身が生徒として先生の家に下宿をしながら学校に育てていただいたことや、教員として、たくさんの機会を経験した生徒が大きく成長する姿を間近に見てきたからだと思います。

これからは、私も40歳も過ぎたので、次世代の教員や生徒にどうやってその思いを共有してもらうかが課題です。

組織や教員はグローバルスタンダードであるべき

難しいと実感しているのは、働き方改革のなかでの働き方と、チームビルディング、フィロソフィー（哲学）の継承です。

働き方でいうと、少し前までは良くも悪くも残業や休日出勤も気にせず、やり続けることができましたが、今はそのような働き方はできません。また、休日出勤が当たり前になる状態は、正常な環境とは言えません。

また、教員のなかでも、「スポーツを中心にしたい」、「国際教育一本で頑張りたい」というように考え方が違う人もいます。教職員からなる教育組織として、チームをつくることの難しさを感じます。

どの組織もそうだと思いますが、それまでの歴史や向かう方向性があると思います。そのなかでも、コアになる考え方や発想は歴史から生まれると思いますが、そのコアになるフィロソフィーを継承することも非常に難しいと思います。

教育界全体をみると、率直に言って、組織体制・評価体制・年功序列制度など、まだまだ改善すべき点は多くあると感じています。世界に通用する生徒を育成するには、組織や教員がグローバルスタンダードであるべきだと思います。10年後、20年後の本校のあり方を見据えて、どのように変わっていくべきか。それを考えることが今必要と感じています。

世界で活躍できるイノベーティブな人材を

私が思うのは、本校の生徒だけではなく、日本全体の教育が成長することが必要だということです。そして世界に通用する人材をひとりでも多く輩出したいのです。

本校もＷＷＬ（ワールド・ワイド・ラーニング）[14]の流れを受けて、自校だけが成長するのではなく、連携校・連携企業などと共に教育を成長させる実践をしてきました。

今後は、文部科学省などの外部からのサポートがなくとも、持続し自立した教育ネットワークをつくりたいと思います。ＷＷＬでその礎ができたと考えていますので、さらに強固なネットワークと革新的な教育を生み出したいと思います。

レスリングを長年やってきて、常に１番になりたいと思い、海外でもチャレンジしてきました。

14　高等学校・国内外の大学・企業・国際機関等が協働し，高校生へ高度な学びを提供する仕組み（ＡＬネットワーク）づくりをめざす取り組み。

それが畑違いで起業したときも大きな自信になりました。次は、教員としても先輩としても、生徒たちには世界に挑戦する人材になってほしいと思いますし、そのために活躍できる場をたくさん設定していこうと思います。

「全国高校生SRサミットFOCUS」を主催

本校ではさまざまなプロジェクトが進行しています。廃棄苗を使って教育活動をしていこうと考えている「ポンズチーム」はそのひとつです。メンバーの実家が農家なのですが、そこで余る廃棄野菜に着目しました。廃棄野菜を活用し、教育に活かせないか？ というプロジェクトが生まれ、「CHANGE MAKERU‐18未来を変える高校生日本一決定戦」では、農林水産省大臣官房技術総括審議官賞を受賞しました。このプロジェクトを発展させ、生徒が起業するかどうか悩んだときや、ビジネスの方向性に悩んだ際には、何人ものメンターをタイガーモブさんから紹介いただきました。

本校は、毎年夏に、「全国高校生SRサミットFOCUS」というイベントを主催しており、国内外の生徒がプロジェクトを持ち寄り、互いのプロジェクトメンバーを交換しながらプロジェクトをブラッシュアップします。当初、参加者は国内外の高校生だけでしたが、２０２１年の第４回では国内外50校、１１１プロジェクト、約４６０名の参加となり、小中学生もプロジェクトを生み出したいという熱が強く、小中学生の生徒も参加しました。

ほかにも、ラオスでのコーヒーの販売を通じて貧困農家の支援をしているチームや、模擬国連で議論する生徒などさまざまな活動がみられます。そのような場を経験した生徒たちには、次はすべて自分たちで企画・運営をし、未来をつくる場を生み出したいという発想が生まれました。

ＳＵＲＶＩＶＥというオールイングリッシュの国際会議では、ＳＤＧｓが達成されなかった荒廃した世の中を想像し、これからどのような行動が必要かを議論し、最終的には参加者全員で宣言を作成しました。このプロジェクトも「全国高校生フォーラム」で文部科学大臣賞を獲得しました。

このように、自分たちのやりたいことを実践し、その場の経験によって大きく成長している姿が各方面で見受けられます。

ＳＵＲＶＩＶＥやＦＯＣＵＳなど、本校との連携に興味をもたれたら、ぜひご連絡を

探究やＰＢＬは、先生にとってもチャレンジングなことです。それに答えがあるわけではないので、とにかく生徒といっしょに考え悩み続けることが大切です。そのなかで、生徒の新しい発想が生まれたり、粘り強さやコミュニケーション能力の成長が見られたときは、先生も非常に嬉しく、答えのないところから何かを生み出す経験になります。

さらに、ネイティブの先生方も積極的に関わっていただいています。さまざまなイベントに参加し、国際的な観点から生徒たちに大きな影響を与えて、貢献しています。また、イベントに参加してくれた他校のネイティブの先生方ともネットワークをつくるなどしており、ネイティブの先生たちは、本来、もっとダイナミックな観点やさまざまなアイディアがあるのだと感じます。これまで彼らの能力を生かし切れていないので、それもこれからの課題だと感じます。

これから挑戦したいことは、WWLで生み出した連携校・連携企業とのネットワークをさらに強固で大きなものにしていくことです。海外にも多くの生徒を輩出していますので、国内にいながらさまざまな国の生徒と連携を持てるようなネットワークも海外で展開したいと思います。

また、事業や企画を実施する際には必ず財源が必要になります。外部のサポートに頼らず、ネットワークが生み出すファウンデーションにも挑戦したいと考えています。地元の企業と協力したり、寄付や支援をいただける受け皿をつくり、生徒によりよい学びを提供できる環境を整えたいと思います。

もし、SURVIVEやFOCUSなどへの参加や、本校との連携に興味をもたれましたら、ぜひ連絡をいただきたいと思います。どこまで本校がお役に立てるかわかりませんが、皆様それぞれの持ち味を生かして、互いに成長していければと思います。（mail：mizuguti@ujc.ritsumei.ac.jp）

体験授業を通して生徒が豊かな人生を歩む土台をつくる

入　英樹先生　田園調布学園中等部・高等部

東京理科大学卒業。２００７年、卒業後田園調布学園で教鞭を取りはじめ、今年で17年目。専門は物理、担当教科は理科。教務主任から教務部長を経て、現在は教務部長兼副教頭。教職をめざした動機は、とにかくバスケットボールが好きで一生やり続けたかったから。得意な数学や物理を極めてバスケットもできるのは教員、そんな単純な理由で教員になったと話す。

教育の軸は「学校ルーブリック」

田園調布学園は、東京都世田谷区にある中高一貫の女子校です。創立は１９２６年、もうすぐ１００周年を迎えます。建学の精神は「捨我精進（しゃがしょうじん）」。自分本位のわがままな気持ちを抑えて、目標に向かって努力し続けること、他人よかれと行動することを意味します。この建学の精神を軸に、体験を重視した学校運営を行っています。

「捨我精進」を現代語に具現化したのが、2017年に作成した次のディプロマポリシーです。

- 自己を深くみつめてより高い目標を定め、学び続けることができる人
- 自己の役割を自覚し、他者と協同しながら、その責任を果たそうと主体的に行動できる人
- 広い視野を持ち、よりよい社会の実現に向けて常に探究し実践できる人

この3つのポリシーを念頭に、これからの社会で自分らしく生きていくために「必要な力」と、その「土台となる姿勢」を示した「学校ルーブリック」を作成し、教育の軸としています。

本校がアドミッションポリシー（入学者の受け入れ方針）として掲げているのは、「出会い」がたくさんある学校だということです。人と人だけでなく、いろいろな体験や社会との繋がりも出会いであり、そうした幅広い出会いがある学校生活や体験を楽しみにしている人に入学してほしいと考えています。実際に入学してくる生徒たちも、「いろんなことをやりたいな」という好奇心がある子たちが多いようです。

「教科横断型授業」「土曜プログラム」「探究ＢＯＴＴＯ Ｐｒｏｊｅｃｔ」

田園調布学園で実践している特色ある体験・学びには次の3つの大きな軸があります。

- 教科横断型授業
- 土曜プログラム

・探究ＢＯＴＴＯ Ｐｒｏｊｅｃｔ

まず「教科横断型授業」ですが、これは一つの教科の授業に別の教科の担当者も参加する、分野の垣根を超えた授業です。将来社会に出たときに、物事をいろいろな角度から多面的・複眼的に見てほしいという想いから始まり、現在（２０２３年2月）で40授業くらいの実践例があります。

たとえば「物理×数学」の横断型授業では、フェルマー点を多角的に学習します。針金を三角柱や三角錐状にしてシャボン液に浸けて持ち上げると、必ず膜が一点で交わるというちょっと不思議な現象が発生します。これを数学ではフェルマー点、物理ではつり合いの点と呼びます。この点は数学的には各頂点からの距離の和が最小になる点という説明がされ、等角中心といって東大入試の問題に出題されたこともあります。物理的には3力のつり合いと関わりがあり、化学のメタンの分子構造とも繋がっています。

これを地理の分野まで広げると、たとえば3つの地域に向けた発電所をつくるとき、それぞれの地域からの距離の和が最小なところに発電所をつくると消費電力が少なくて済みそうだ、というふうにフェルマー点を活用できます。フェルマー点を習ったときに、実はいろいろな所と繋がっているんだという思考を常に持っていると、学びに深みを持たせられます。

２つ目の軸は「土曜プログラム」です。土曜日には正規の授業を行わず、１７０ぐらいある講座のなかから生徒が自分で好きな講座を選び、カリキュラムを組んで受講するという取り組みを年8回ほど行っています。講座の幅はかなり広く、プログラミングなどのＩＴ系の講座や語学の講座ま

●田園調布学園中等部・高等部の「学校ルーブリック」　～豊かな人生を歩める人になるために～

	必要な力			土台となる姿勢		
	情報収集・整理・分析する力	課題を発見・設定する力	対話する力	自分を高め続ける姿勢	多様性を認める姿勢	社会にはたらきかける姿勢
到達目標	適切な情報を選択できる 要点をまとめることができる 情報を比較することができる	物事に興味・関心を持って取り組むことができる 課題を見つけることができる 自分の興味関心を追究できる	相手の話を聴くことができる 自分の意見を伝えることができる	結果を恐れず挑戦することができる 自分の行いを振り返ることができる 自分で行動を起こすことができる	相手の人格を尊重できる 相手の魅力を見つけようとする 相手の立場で考えることができる	社会における自分の役割を担うことができる 社会に向けて発信することができる (社会との繋がりの中で学びを深めようとすることができる)
高3	・自己実現のために何をすべきかを判断することができる ・社会情勢に常に目を向け、適切な情報収集ができる	・自分の進路として選ぶ学問や世界が、社会とどう関わり合っているのかを考え、卒業後に継続的に取り組む課題を設定することができる ・自分の視野を広げ続けることができる	・自分を客観的に捉え、内省することができる ・自分を客観的に捉えた上で意見を伝えることができる	・自分の将来を見据え、あらゆる場面で結果を恐れず、行動を分析して常に高い目標を持ち、その先へ進むことができる	・他者を受け入れながら自分を客観的に捉え、内省することができる	・社会の今や未来に目を向け、柔軟な発想で自分から働きかけることができる ・学びを将来に繋げて考え、社会において自分の学びをどう生かすか語ることができる
高2	・自らの課題を克服するための学習方略を見つけることができる ・学びを実生活や社会問題に結びつけることができる ・より多くの立場や角度から分析できる	・進路目標を立て、進路実現に向けた課題を明確にできる ・多様化する社会情勢の課題を明確にし、その解決方法を考えることができる	・あらゆる立場、背景を持つ人の話を聴くことができる ・複数の言語で自分のことを話すことができる	・自己の資質・適性を理解できている ・他学年との関わりの中で、計画性と情熱をもって協働できる	・あらゆる立場、背景を持つ人の話について、人格を否定せずに興味を持って聴くことができる	・学校での活動において、ときに批判的思考を持ちながら、集団を牽引できる ・社会と関わりを持ち、より良いものを創造しようとする姿勢を恒常的に持つことができる
高1	・学びを世界に広げることができる ・知識や情報を整理・分類し、他の事象と比較することができる	・世界に関心を持ち、日本と世界の関わりを考えることができる ・興味・関心を持ったものに対し、自分に合った課題を設定することができる	・異なる文化圏の人の話を聴くことができる ・相手の文化を尊重しながら、自分のことを話すことができる	・広く世界に目を向け、自分が取り組むべき課題に気づき、強い意志を持って解決に向けて努力することができる ・自分が何者であるかを突き詰めて考えることができる	・異なる文化圏の人の話について、人格を否定せずに興味を持って聴くことができる	・地域社会や国際社会と関わり、実際に行動することができる ・自分の特性や役割を考え、新しい発想で物事を創造しようとすることができる

提供：田園調布学園中等部

でさまざまです。講師にはその道のプロの方に来ていただいていて、理科であれば東工大の元教授、伝統文化であれば日本舞踊や琴・三味線の師範の方などが講師を務めてくださっています。プロの方から直接話を聞いたり一緒に体験したりといったことは普段はなかなかできないので、生徒にも保護者にも人気があります。もう20年以上続けているプログラムです。

最後の軸は「探究ＢＯＴＴＯ Ｐｒｏｊｅｃｔ」。自分の強みや興味・関心から没頭できることを発見するプロジェクトで、タイガーモブさんにはこちらでお世話になっています。年間約30コマの授業と夏休みのオンライン海外プログラム、海外研修旅行など、多面的に実施することになっていて、生徒は今まで向き合ってこなかった自分の好き・得意・やりたいを言語化して、自分がやってみたいプロジェクトを立ち上げ進めていきます。２０２２年の夏休み明けから本格始動し、探究によって生徒一人ひとりの個性が確実に花開いている手応えを感じています。

探究的な学びを全学年に本格的に取り入れようという話になったのは２０２０年のことです。まずは「学校ルーブリック」を見直すことから始めました。豊かな人生を歩める人になるためにと定めたルーブリックには、「必要な力」として「情報収集・整理・分析する力」「課題を発見・設定する力」「対話する力」という3つの項目があり、学校としては当然これらの項目を意識的に養うような授業をしなければいけないと考えています。ただ、実際のところ、普段の教科授業はこういった力の育成にはダイレクトに繋がらないこともあります。もっとダイレクトな活動のなかで「必要な力」をつけてもらいたい、毎週積み重ねて力を養っていきたいと取り組んだのが「探究授業」なのです。

将来に役立つ視野を身につけてほしい

教科横断型授業をつくった背景にあるのは、本校のディプロマポリシーの存在です。ディプロマポリシーには「広い視野を持てる人」「将来学び続けることができる人」の育成を掲げていますが、ここで言う広い視野は世界を知るというレベルだけではありません。一つの学び、一つの事象が他のことどう繋がっているのかを知り、将来に役立つ視野を身につけてほしいと思ったときに、それを授業でやるには教科横断型授業しかないだろうという結論に自然に至りました。

土曜プログラムに関しては、20年前、教育現場でリベラルアーツ（一般教養）が盛んに唱えられていたことが背景にあります。幅広い教養を身につけられる環境を本校としてどう考えていくか。いろいろな社会の人と繋がったり、自分の知らない体験をしたりというのは、やはり授業だけでは

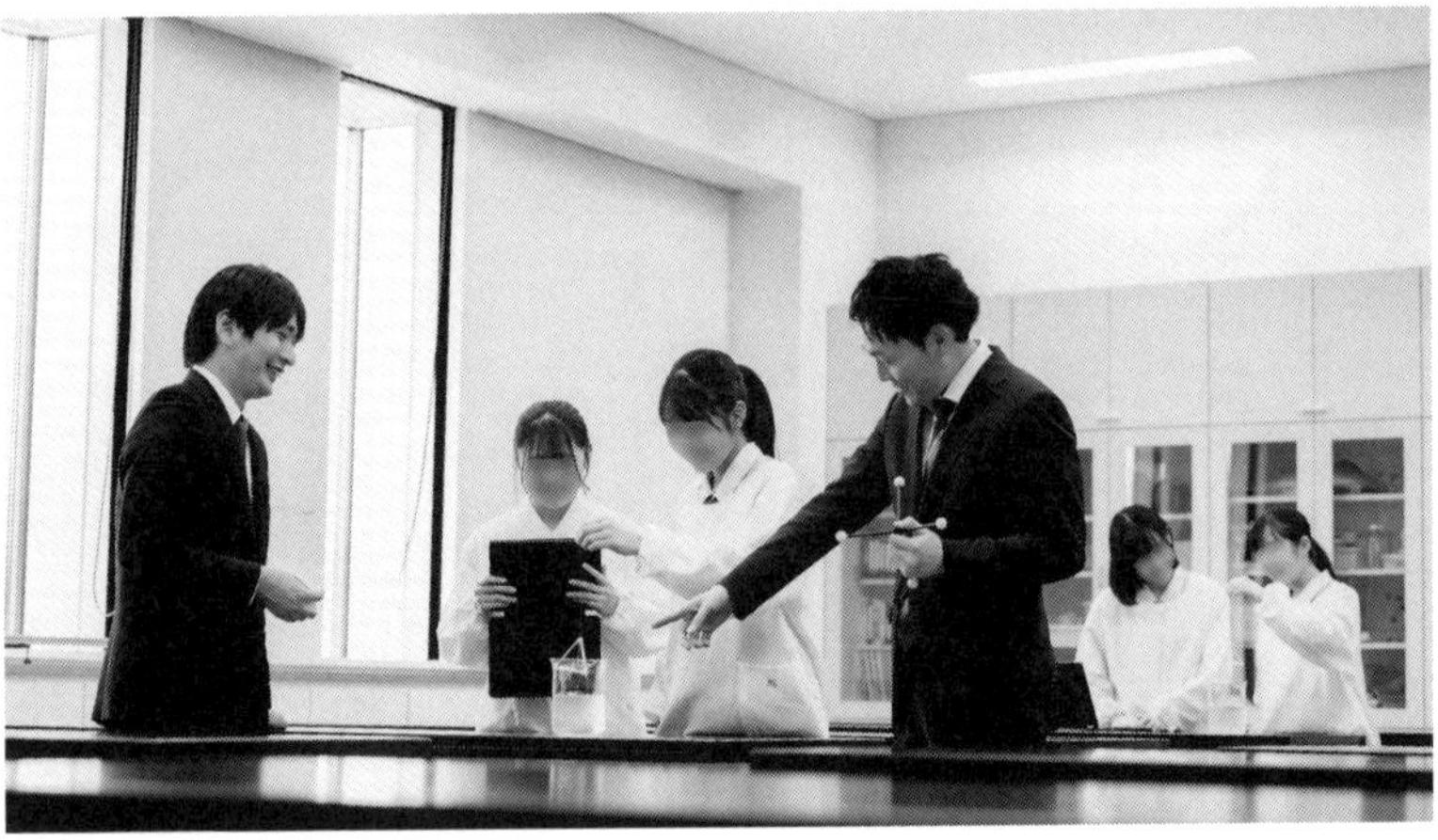

やりきれないだろうという判断と課題感から土曜プログラムはつくられました。

探究的な学びについては、学校ルーブリックの「必要な力」を養うためには欠かせない活動であるという前提がありました。それをどう授業のなかに学びとして取り入れていくのか。高等部の話になるのですが、一年生のルーブリックでは、「学びを世界に広げることができる」「世界に関心を持つ」「異なる文化圏の人の話を聴くことができる」と、学びの範囲が少し世界に広がっていきます。ただ、我々だけで一からプランをつくろうとした場合、世界との繋がりはあまりなく、どうしたものかと思っていたときに、偶然タイガーモブさんを紹介いただいたのです。

我々が持っている課題の一つに、生徒たちは日々忙しさに追われているため、浅く広く体験はしているものの深みを持てていない、ということがありました。その課題を解決するため、生徒たちには一つのことにガッチリ深く取り組む経験をさせて、自分を高めるという姿勢に繋げてほしいと思っていました。ですから、タイガーモブさんの話を聞いたときに、尖ったプランもＯＫだし、結果を恐れないでどこまでも突き進んでいっていいんだという考え方は、生徒たちにはいい刺激になるのではないか、と私のなかで繋がりました。好きや得意に没頭していくことを目的に、タイガーモブさんと一緒に授業づくりをしています。

苦労したのは、教員の確保と理解を得ること

教科横断型授業の導入にあたって苦労したのは、まず、授業を行う教員が限られているということです。また「これはなんの意味があるの」「単語テストをどんどんやったほうが学力がつくのでは」という意見もあり、学校として教科横断型授業の必要性を先生方に理解してもらうのが大変でした。加えて教科横断型授業は準備が大変です。教科書にないものを一からつくるので、一つの授業をするにも、教員同士の打ち合わせや授業の準備に何時間もかかります。ここも苦労した部分です。

ただここ数年、学校の特色としてかなり教科横断型授業のことを打ち出しており、受験生の保護者にも説明をしているので、ワクワクして入学してくる新入生もいます。実践されていなかった先生方は、必要性はわかっていても日々の忙しさなどを理由に一歩踏み出せずにいたという感じだっ

たのですが、いまはやらざるを得ないなという雰囲気があります。本校の採用面接で「教科横断型授業をやりたいです」という方も増えてきたので、ずいぶんやりやすくなりました。

生徒の持つポテンシャルを最大化できた喜び

探究的な学びを行って出てきた先生や生徒たちの感想は、嬉しいものが本当に多いです。いくつか挙げてみます。

「今までなかなか自分のスキについて図を描いて整理したりする機会がなく、自分に向き合うことができていなかったのですが、今回『偏愛マップ』というものに初めて出会い、こんなに簡単にまとめられる方法があるのだと知り、とてもよい体験をさせていただきました。ありがとうございます」

「なりたい自分になれているか極度に不安になる必要はないのだとわかりました。以前はリーダーシップがなかった私でしたが、自分で意識することでなりたい自分になれたので、意識次第で人は変わることができると知りました」

「たくさんのことに触れて自分が本当に好きなことを見つけていくのが大切であることを実感しました」

「ふだん自分の日常のなかにある何気ないことでも、そのなかからさらに深めたいことが出てきたので、本当に興味を持っていることを改めて知ることができたと思います。探究の活動は私にとってとても意味のあることだと実感しました。今回見つけた自分の好きなことを将来にも生かせるといいなと感じています」

などなど、とても好意的なコメントが寄せられました。探究的な学びの成果として「好き」「得意」「やりたい」の言語化がどれほど進むのかを一つの指標にしているのですが、好きが95％、得意が75％、やりたいことが97％と非常に高いレベルに到達できたことも生徒の持っているポテンシャルを最大化できた気がして嬉しかったです。

「教科横断型授業」のすばらしさを理解したすべての関係者

教科横断型授業に関しては、大変な部分もありますが、やってみたら良かったよね、とほとんどの先生が言っています。いろいろな繋がりや深みがあるので先生たち自身も勉強になるようですし、生徒の表情やフィードバックを見たときの達成感もあるからだと思います。

探究ＢＯＴＴＯ Ｐｒｏｊｅｃｔでも、好きや得意が言語化されて、先生たちも生徒の今まで知らなかった一面を見て驚いています。しかし、先生たちが探究的な学びの面白さを理解していくのは始まったばかりですから、これからなのかなと思います。

これから挑戦したいことは、やはり教科横断型授業をもっと進化させたいですね。ここ数年「とりあえずやってみる」というスタンスだったのですが、これからは「教科横断型授業を行うことでこういう力が身につくよね」という成果をきちんと整理し、目的をもって授業を行っていきたいです。加えて、普段の授業にも探究的要素を取り入れていけたらと考えています。すべての学年で探究的授業が途切れずに年間を通して繋がっている、そのなかで必要に応じて教科横断型授業を実施しているという状態まで教科横断型授業を進化させていくことが理想です。

あとはやはり週に1時間ある「探究」の時間の進化ですね。今年の授業はある程度タイガーモブさんのお世話になりながら進めていくのですが、テーマを決めたら生徒が勝手に没頭していくようにしたいです。生徒が自分でどんどん海外の人や企業の人と自由に対話をしていきながら、何かに対して自分の言葉で語れる自分になるために挑戦していってほしいな、と思っています。

大人になると、毎日同じような何気ない日々が過ぎていくのかもしれません。ですが、大人だって、いろいろなことに結果を恐れずに挑戦し続けることが大事だと思います。楽しみながら挑戦を続けていけば、その過程で人生のやりがいも見い出せます。これからも挑戦し続けます。

「夢・挑戦・達成」。生徒一人ひとりに向き合い、学びたいを叶える

「ＳＤＧｓリーダー講座～サステナビリティ実践者を増やす～」

藤田　果世先生　**クラーク記念国際高等学校**

大学法学部を卒業後、専門学校での教員経験を経てクラーク記念国際高等学校へ。不登校生徒の学校復帰に携わる。同校の新しい個別最適型教育「ｎｅｔ＋コース」の責任者の一人として全国のキャンパスを牽引。新コース「ＣＬＡＲＫ ＳＭＡＲＴ」において次世代を担う人材を育成する個別最適型教育の中心人物。現在は、福岡中央キャンパスの副キャンパス長。

山下　学先生　**クラーク記念国際高等学校**

兵庫県西宮市出身。大学を卒業後、一般企業にて教育関連の業務に20年ほど従事しクラーク記念国際高等学校へ入職。新規コースの立ち上げに関わるなかで「自ら学び続ける生徒」を育むためにさまざまな新しい教育実践に挑戦している。

――クラーク記念国際高等学校の学びの特色についてお話しください。

山下先生： 当校はもともと、「年々増え続ける高校退学者に歯止めをかけたい」という理事長の思いからスタートしているんですね。最初のころは、夢を持てない、挫折してしまった、つらい思いをした、そういう子が多かったのです。

そんな夢を失ってしまった子どもに、「いくつになっても夢を持っていい」「夢に向かって1歩ずつ進んでいくことが大切」「それを達成したときの喜び、そこで得られる自信が人を変える」と伝える学校です。

藤田先生： その生徒に合わせた学習・登校スタイルを選べ、きちんと環境が整っているのがクラーク国際の特徴で魅力だと思います。

転校生に学校説明をしているときに感じるのですが、人の悩みは本当に十人十色なんですよね。全日制の学校では、均等な教育の下で生徒を導かないといけないので、生徒数が多くなると、その子に応じた個別の対応をとることや生徒の悩みに十分寄り添うことはなかなか大変です。でもクラーク国際は、生徒一人ひとりのニーズに応じた学びを提供することができます。生徒自身が自ら信頼できる担任を選んだり、習熟度別授業で苦手克服をめざしたり、好きなことをとことん極めることができるコースがあります。

私が担当しているCLARK SMART（以下CS）コースは「授業を自由に選べ、自分で登校・学習ペースを組み立てられる」「空いた時間でやりたいことをとことんやれる」「それぞれの目標に合わせた幅広いEdtech学習ツール」「1対1のコーチング」など、個人へのサポートが厚いのも特色です。

また、CSコースは広域通信制のシステムを使って卒業をめざすコースなので、スクーリング（必修科目）以外の時間は、生徒の興味を惹き、日常の生活とつながるような学びを、全国の教員が展開しています。ユニークなところでいえば「保険と税金」や「キッチン化学」などがそうです。なかには地元企業と連携して実施しているPBL授業もあります。

学習には、「学ぼう」とする意欲と、面白そうだと思う「好奇心」が必要です。それらを刺激できるような授業を教員は日々意識して実践しています。

山下先生：　現在では全国で25～30コマくらいこのような講座をやっています。このなかでも、年間を通じた連続講座として人気なのが、2019年からタイガーモブさんと一緒に実施している「SDGsリーダー講座」です。

一年目は「サステナブルなマスクづくり」を行いました。2年目は「サステナブルなコーヒーづくり」を題材にして、途上国からのコーヒー豆の輸入に挑戦しました。自分たちで焙煎を行って、購入から消費までのビジネスの流れを一気通貫で学びました。この授業に参加した生徒が校内で行われる成果発表会でプレゼンテーションを行い、高い評価を受けて優勝しました。また、生徒たちは希望大学を受験する際にも、こういった研究成果を活用しています。認知・非認知能力育成の両面で成果が出ているように思います。

――そうした特色ある学びをつくるまでにどんな挑戦がありましたか？

山下先生： もともとクラーク国際には制服を着て毎日通う全日型のコースと、私服で自分のペースで通う2つのコースがありましたが、ここしばらく新たな学びを提供するコースの立ち上げがありませんでした。

そのなかで、ミネルバ大学やスタンフォードオンラインハイスクールなどのオンラインで学ぶ環境が増えてきたのをきっかけに、クラーク国際内で検討を重ねて「自立した学習者」を育てる目的で、CSコースの前身である「net+コース」をスタートさせました。

開講した拠点は地域や校舎の規模もバラバラなので、それぞれの環境で生徒を成長させていくにはどのような学びが最適なのか、オンライン会議で定期的に生徒の事例を共有し、試行錯誤しながらこのコースの生徒に最適な学びを一つひとつ増やしていきました。

藤田先生： 生徒たちの多くは、小学校・中学校と、準備された環境のなかでしか活動してきていません。だからなのか、入学後、自ら選択していく環境を目の前にしたとき「自分は何をしたらいいんですか？」という子が非常に多かったのです。

スタートとゴール（目標）はあるけど、その過程・手段を自分で考えることができない生徒が多いので、このコースでは「自身で考えさせる」ということが重要だなと感じました。

このコースの担当者（教員）は、ティーチングではなく、生徒自身が考え、気づき、答えを出せるような働きかけをする「コーチング（本人の主体的な行動を引き出す支援方法）」を行っています。

また、机上の勉強以外にも、外部の講師を招いて実践型のＰＢＬ授業（Project Based Learning・目標を共有して、それに向けてどうすればいいか学ぶ授業）や、ＳＥＬ授業（Social Emotional Learning・社会性や感情の学習）を積極的に取り入れています。

実践の場として、タイガーモブさんにも「ＳＤＧｓリーダー講座」を開講していただいています。インターネットという利点を生かして、世界の問題にリアルタイムで触れることができるこの授業では、生徒たちに必然的に考える機会が生まれ、成長に大きく寄与しています。

それと、ＰＢＬ授業を通して私たち教員側も多くのことを学んでいます。教員はどうしても「答え」を生徒へ教えたくなる傾向にあるので、そうした自分たちの時代の教育で培われた意識を変え、コーチングに徹することが必要です。

クラーク国際では、コーチング研修やファシリテート（活動の場で良い結果を出すために、活動プロセスをサポートする）研修を通し、教員自身も生徒たちとともに学ぶ姿勢で取り組んでいます。

――挑戦した生徒はどんな反応をみせましたか？

藤田先生：　タイガーモブさんの授業を通じて大きく変化・成長し、卒業した今も大学で挑戦し続けている生徒がいます。

その生徒は、中学校時代思うように登校できず、とても控えめで、自分に自信が持てないでいました。コーチング面談を通して学習計画を立て、勉強面で少しずつ自信がついてくると、次第に「コミュニケーション面で自分を変えたい」という気持ちが彼女の中に生まれてきました。とても恥ずかしがり屋な子が、社会性を身に付けていくことを目標とした挑戦を始めたのです。それが、タイガーモブさんの「ＳＤＧｓリーダー講座」の授業への参加でした。

彼女はこう言っていました。「初めて世界の多くの問題を目の前に突きつけられて……とても衝撃だったし、自分の世界がどんなに小さかったのかを知り、考えを深めるきっかけになりました」。

彼女がとくに注目したのは世界における「教育」の現状で、子どもたちのために「自分にできることはないか」と考え、勇気を出してボランティアへ参加しようとするなど、積極的に活動を始めるようになりました。

もともとは小さなグループワークのときですら話せなかった子だったので、お母様もその変化に大変驚いていらっしゃいました。

学ぶ目的を知り大学へ進学できたこと、そして自分の行動が世界を変えることにつながるのだという思いを持って学び続けられたのは、彼女の人生にとって大きな価値を持ったと思います。現在は進学先の大学で、「和菓子とバーチャルウォーター」というテーマでサステナブルな消費に関わる活動に取り組んでいます。

――周りの先生方の反応はどうでしたか。

藤田先生： 正直、最初は冷たかったです（笑）。

山下先生：（苦笑いしながらうなずく）

藤田先生： しかし、生徒たちの変化していく姿や、コーチングを通して学習が定着していく様子、進路での実績を見て、このコースでの学習に興味を持つ先生方が増えたと思います。

私自身、今までやってきた教育のなかで、今がいちばん一人ひとりに向き合えているという実感があります。生徒の些細な変化にも気づけるので、刺激を与えるべき成長のタイミングを見逃さない！　という手ごたえがあります。

生徒の中には、小・中学校での経験から負の感情を持ち続け、学校や教員に不信感を持っている子もいますし、コミュニケーションがとれない子もいます。そんな生徒たちには段階を追って接し、信頼関係を築くところから始めます。

生徒たちが出す変化のサインは、その子が発したほんの些細な言葉や態度だったりするんです。そこを見逃してしまうと本当にもったいないと思うんです。

生徒自身が変化を欲しているタイミングで刺激を与えることで、スムーズに成長する環境を整えてあげられます。逆にタイミングを見逃すと、ずっと同じところをぐるぐる回って、成長しないまま時間だけが過ぎてしまう可能性があります。

私の高校生時代は、そんなに学校の先生と深く関わることもありませんでしたが、もし1対1で先生が接してくれる機会が多くあったなら、とても楽しかっただろうなと思います。

先生と生徒の間に信頼関係があると「先生が応援してくれているからやってみよう！」という気持ちと、何より挑戦する「勇気」が生まれてくると思うんです。

――これから挑戦する人へ応援メッセージをいただけますか。

藤田先生：　新型コロナウイルス感染症で生活が一変してしまったこともあり、学習面や対人関係からの不安、心身の不調に悩む生徒たちは増え続けています。でも、悩んで立ち止まることは、決してマイナスではありません。むしろプラスで、「自分を見つめる」大切な時間だと思います。

今が新しいことにチャレンジする準備の時間です。ぜひ大いに自分と向き合ってください。環境を変え、新たな学びのなかで生まれた小さな変化は、うねりをつくり、やがて大きな変化へとつながっていきます。そんな生徒たちを私は数多く見てきました。自分のやりたいことや夢のカケラでも見つけたら、実現のために一歩踏み出し挑戦しましょう。実現に向けて努力し、人生を謳歌してほしいと願っています。

山下先生：　私たち教員は、生徒の夢の実現のために「教育のカタチ」を常に進化させ、自分自身も学び続けていくことに挑戦します。

私たちと一緒に、「夢・挑戦・達成」に挑んでいきましょう！

必要だと感じたら、爆発的に伸びる型にはめない教育を

布村　奈緒子先生　ドルトン東京学園

The University of Queensland大学院修了。一般企業での勤務を経て、海外大学院に進学。その後、東京都の英語教師として都立国際高校、都立両国高校に勤務。英語教育学会から高い評価を受け、英語のアクティブラーニングの先駆者として注目される。その後、ドルトン東京学園に英語科主任として転籍。現在は副校長。

英語のアクティブラーニングの先駆者として

初めに赴任した東京都立国際高校は、当時文科省主導で進められた「スーパー・イングリッシュ・ランゲージ・ハイスクール・Super English Language High School・通称ＳＥＬＨｉ（セルハイ）」プロジェクトの指定校でした。

４年目のときに、ＳＥＬＨｉの３年間の実証授業の報告会で公開授業を担当しました。そこで英語教育学会の先生方から一定の評価を受け、これで初めて英語教育に自信がつきました。その後、

都立両国高校に転勤しました。

両国高校は進学校だったのですが、日本語で英語の授業をしていたので、英語でやりとりする英語の授業を取り入れ、２０１３年に全英連（全国英語教育研究団体連合会）で授業発表したときに「公立の高校で、こんなに英語だけでディスカッションしたり、発表したりできるとは思わなかった」とすごく評価していただいて、講演会などに呼ばれるようになりました。

その後２０１４年には「アクティブラーニング」という言葉が出てきて、私の授業が新聞に取り上げられ、それがきっかけで英語教育界だけではなく、アクティブラーニング関係の学会にも呼ばれるようになりました。

アクティブ・ラーニングフォーラムに呼ばれたとき、私が発表したのは、Ｆｉｎｄ！アクティブラーナーの「アクティブラーニング」映像教材を元にした内容だったのですが、そこでドルトン東京学園中等部・高等部の校長先生と出会い、いろいろと立ち上げようとしていたタイミングだったので、声をかけていただいて今にいたります。

「ドルトンプラン」を教育原理として

本校は「ドルトンプラン」という理念に基づいた教育を行っています。

「自由」と「協同」の２つを原理とし、①ＨＯＵＳＥ（ハウス：家庭的な教室）②ＡＳＳＩＧＮ

MENT（アサインメント：自主性や計画性を養う）③LABORATORY（ラボラトリー：専門教科についてより深く学習する）の3本柱で成り立っています。

一言で言うと、「突き抜けた個性」を大切にしている学校です。

ドルトンプランは、米国の教育家ヘレン・パーカストが、当時の詰め込み型の教育への問題意識から提唱した、学習者中心の教育メソッドです。今からおよそ100年前にできた教育哲学のようなものです。そのため、IB（国際バカロレア）のように細かい規定はありません。世界中のドルトンスクールがそれぞれの文脈でドルトンプランを解釈しています。ヘレン・パーカストが始めたニューヨークにあるThe Dalton Schoolをはじめ、ヨーロッパを中心にした複数のドルトンスクールが加盟するドルトンインターナショナルなど、世界中にドルトンを名乗っている学校があります。

英語嫌いの生徒があっという間に英検合格

実は私自身、小学生のころ、授業に全然ついていけなかったんです。たとえば、「あ」と10回書く宿題で「同じ角度で書かなきゃいけないかな」と考え、書いては消してを繰り返して、2時間もかかっていました。皆と一緒のことをやりたかったのに、それができない子どもでした。

それが父の駐在に帯同してでイギリスに行ったら、私がピアノを弾けることを褒められて朝礼で

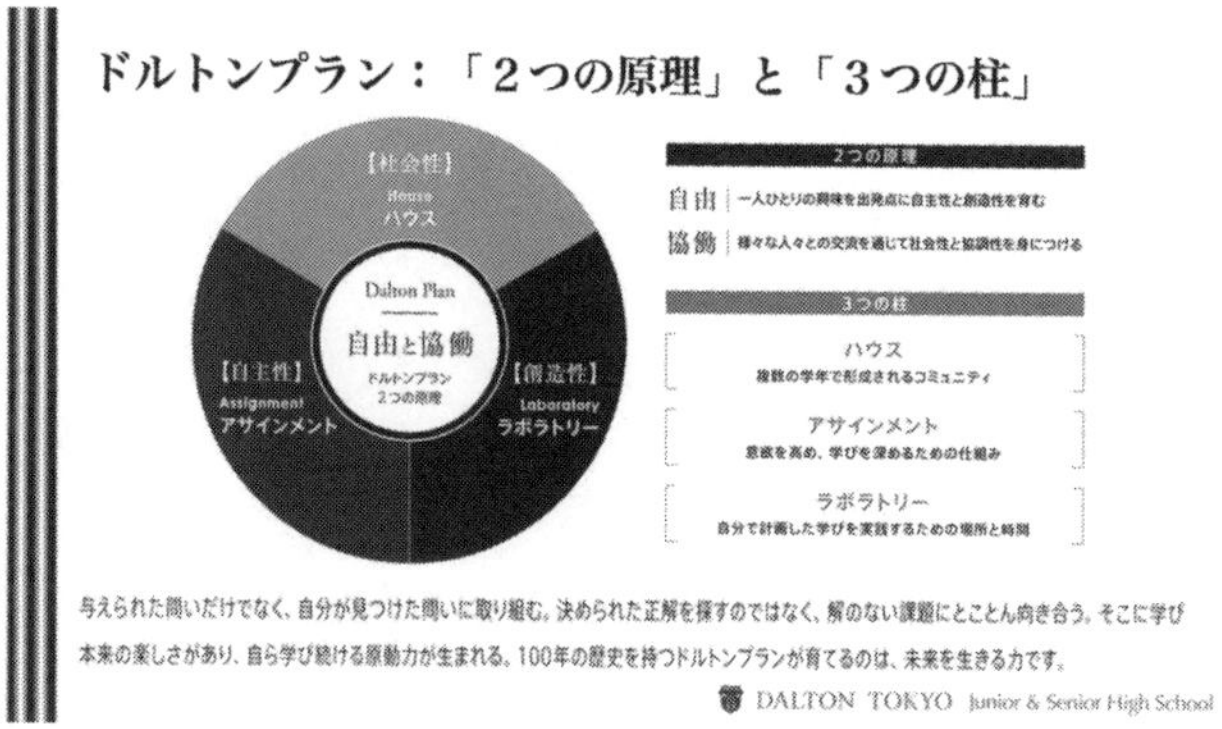

提供：ドルトン東京学園

ピアノを弾く機会をもらえたりして、イギリス流の個別主義を感じました。自分の行動の遅さにあまり引け目を感じずに日々を過ごせたのです。私にとってアクティブラーニングの原体験です。

読書の時間も、みんな違う本を読んでいるのですが、それぞれ違っていいよねっていう感じで、同じ授業でも、やっていることが違う環境を体験できたことは、イギリス留学の貴重な体験でした。

ですから、ドルトンも、自分が小学生だったときに行ってみたかったと思えるような学校にしたいと考えています。

そんな個性を大事にするスタンスなので、入ってくる生徒たちも個性的な子が多いです。「私はこうしたい」という「will」や「want to」がはっきりしている子が多いです。

反対に、自分で何かを選ぶことができない生徒もいます。そういう子には、選んだほうが得と思えるように教えます。でも結局面白いと本人が思ったらやるし、そうじゃないならやらない。子どもたちは本能のままに動くので、試されているなという感覚はありますね（笑）。

これをやれば点数が取れるよと言われても、点数にそもそも関心がないからやらない。ある意味、日本の評価主義的とは違うところで考えている、自己肯定感の高い子たちです。

でも、モチベーションによっては半年くらいで急激に伸びる生徒もいます。

たとえば「英語は嫌いだし、日本にいるんだから英語なんて覚える必要ない」と言っていた生徒たちが、株式会社リバネスがやっている「ＴＳＵＮＡＧＵ Ｒｅｓｅａｒｃｈ Ｐｒｏｊｅｃｔ」に参加して、自分たちの研究を英語で発表してみたら、今までと１８０度考え方が変わったという事例もありました。翻訳ツールで翻訳できるように何度も日本文を書き直して英訳を先生に読んでもらい、その英語を聞いたり、より相手に伝わるように英語の抑揚を練習したりして、一気に英語力が伸びて、今では英語の授業は最初から最後までずっと英語で話すようになりました。

英検の資格は持っていないのですが、外国人メンターの英語を聞けるし、それに対してちゃんと喋れるし、書くこともできます。これをたった半年で成し遂げてしまったのです。まったく英語ができなかった生徒が、あっという間に英検二級に合格し、学校の英語スピーチコンテストで優勝、東京都の大会に出場しました。

ですから、「これが必要」と思うと一気にやる、集中力が上がる潜在能力を秘めている生徒が多くて、その一気にやる環境もドルトンにはあります。それがドルトンならではの強みです。

「HOUSE」は距離感の近さが特徴

ドルトンがアジアの複数国に分かれて行うアジア研修はタイガーモブさんと一緒になって実施していますが、これはまだ始まったばかり。ドルトンの背骨である「ＨＯＵＳＥ（ハウス）」の話をしましょう。やっと4学年揃って動きだしたところで、まだまだ発展途上ですが、よりよい教育は何だろうと、今まさに追い求めている途中です。

「ＨＯＵＳＥ」は少人数制なので、学年に3人しかいないというケースもあって、なかなか難しい部分もありますが、うまくいっているグループでは憧れの先輩からいろいろ教わる感じです。

「ＨＯＵＳＥ」は、学校の中のファミリーと考えています。先生は「学校の中でのお父さん、お母さん」で、年上の先輩は「お兄さん、お姉さん」のイメージですね。

現在、1年生から4年生までの4学年しか在籍していませんが、6年間の学びを見守り続ける「学校の中でのお父さん、お母さん」をつくるのが理想です。この距離感の近さがドルトンプランの特徴です。

「自由」を言語化して文化をつくる

ここにいたるまで、試行錯誤の連続でした。ほんとうにいろんな議論を重ねています。ワーキンググループがたくさんあり、その会議が情報交換の場になっています。

学校ができる前の設立準備の段階であれば、「これが理想形だよね」で話は終わったと思うのですが、走りながら考える必要がある部分も多いので、余計に「とはいえ……」という具体的なケースが出てきます。理想と現実が噛み合ったものにしなくてはならないので、どうしても議論は長引きます。

折衷案を2つつくって、どっちにするかをまた話し合って、共通の認識を一つにまとめなくてはいけないので、そういう意味で今はかなり大変ですが、生徒のことを第一に考え、学びをつくっていけている手応えはあります。

とはいえ、共通認識をつくるのに苦労しました。

ドルトンプランの「3本柱」にとらわれすぎて、「こうするべきじゃないか」「これはドルトンなのか」「これはドルトンじゃないよね」という言葉が先生の中から出てきてしまって、「ほんとうのドルトンって何だろう」と。

先生自身がドルトンプランの探究者のような存在なのですが、実践を重ねれば重ねるほど、深みがあって、ドルトンの定義が難しくなってきています。最終的にめざしているところは同じだと思うのですが、ドルトン東京学園ではどのようにして教育していくかの方向性をより洗練させていければと思っています。

具体的には、開校当初は「完全に自由にやります」と生徒に伝えていました。ルールが完全になかったところから私たち自身も学び、今は「自由」を言語化して文化をつくっているという感じです。

自分が必要だと感じたら、一気にやる

先日、英語のスピーチコンテンストを校内で実施して面白いことがありました。審査委員だったネイティブの先生から、「外向きのスピーチコンテストは型にはまった同じようなスピーチしかなくて面白くない。でも、ドルトンの英語スピーチコンテストは自分が思うがままに話すから面白い」と褒めていただいたのです。当日、私も何も知らずに見ていたら、生徒がＴＥＤ（Technology Entertainment Design）みたいに、ピンマイクを付けて歩き回りながら話していたんです。そんなこと誰も教えてないのに、これは最高でした（笑）。

そして、もう一つすばらしいと思ったのが、そんな独特なスピーチコンテストの姿を笑ったり、馬鹿にしたりする生徒はひとりもいなかったことです。むしろ、そうやって人を惹きつけるのか

と、皆が食い入るように見ている様子は、日本の公立の学校とは少し雰囲気が違って特徴的なところだと感じました。
実際、コンテストで結果を出す生徒も出てきて、ほんとうにいろんなところで生徒が活躍しはじめています。いつ何がヒットするかわからないし、いつ成長するかはわからないのですが、いろんなプロジェクトがあるので、どこかに引っかかるんじゃないかなと思っています。
振り返ると、開校当初は、保護者から「成長するというけど本当にそんなときが来るんですか?」と不安を口にされることが多かったのです。でも、そこで「こうするべきだ」と型にはめてはドルトンプランの意味がないですし、いくら「こんな方法があるよ」と伝えても、最終決定権を本人に任せないと受け身の生徒をつくってしまうだけなので、そこはもう待つしかないと思っていました。
大学受験に関する勉強に比重を置いていないことも、入試で点数が取れないのではと保護者の心配を煽ったみたいです。でも、本人たちが望んでいない以上、それをやらせても何の意味もない。「自分が必要だと感じたら一気にやる」という確信もありましたし、エネルギーも爆発力もある生徒たちだったので、そのタイミングを待つ大事さを伝えていけたらと思います。

最近では、いろいろと実績や結果を出せるようになってきて、社会がそういう生き方を認めるようになってきたと感じています。

最後にこれからの抱負を述べますと、もっともっと外に開いた学校でありたいし、いろんな人に刺激を受けて、自ら学んでいく環境にしていきたいと考えています。

元となっているドルトンプランの中に「本物に触れてください」という言葉があって、教員じゃない人を仲間に入れて、もっと本物に近いプロジェクトをつくっていきたいと考えています。単なる講演会ではなくて、今日はこんな人が来る、明日はあんな人が来ると、いろんなプロフェッショナルと関われるコミュニティが常にあるというのが理想です。

ドルトン東京学園は、変わらずユニークな学校というイメージそのままなので、一度見にいらしていただければ嬉しいですね。

「とりあえずやってみる」で、今までの教育を破壊する

池谷　陽平先生　**追手門学院中・高等学校**

関西学院大学卒業。アメフト部で活躍。大学卒業後、アメフトを高校生に教えたい気持ちから、大阪府の高校教師として、大阪府立箕面高校で8年間教諭を務める。その後一人ひとり違う価値観をていねいに育てていく学びを実現するために、追手門学院中・高等学校に身を移し、探究科の主任として、同校の探究的な学びを牽引する。

牛込　紘太先生　**追手門学院中・高等学校**

大学にて助手を2年務めた後、一般企業の営業職を5年、公立中学の非常勤講師を1年、前職である通信制の高校で7年勤務。現在、追手門学院高等学校にて創造コース教育推進部部長。学びの演出家として生徒の学びをサポートする毎日。

探究科の特徴は「DRIVEマインドセット」

――追手門の探究科の特色はどのようなものですか。

池谷先生： 探究科としてやっていることは、「自分でやりたいこと」と「自分にしかできないこと」を生徒自身が見つけて、自分で道をつくってほしいというところから、「自分はオリジナルである。そしてそれが素晴らしいことである」と考えられるよう、中１から高１を通して伝えています。

高２では、「新しいことができるかも」「私のものを渡すと、この人は喜ぶかもしれない」と考えられるような時間をとり、最後の高３では人からのフィードバックを受けて、自分の行動を起こすことを学んでいます。

「とりあえずやってみる」というマインドセットがあってこそ成り立つ学びで、それを細かく定義づけたものが追手門探究科の特徴である「ＤＲＩＶＥマインドセット」です。

Design／自分の人生を自ら設計する姿勢
Reflection／振り返る姿勢
Inquiry／知ろうとする姿勢
Vision／未来を考える姿勢

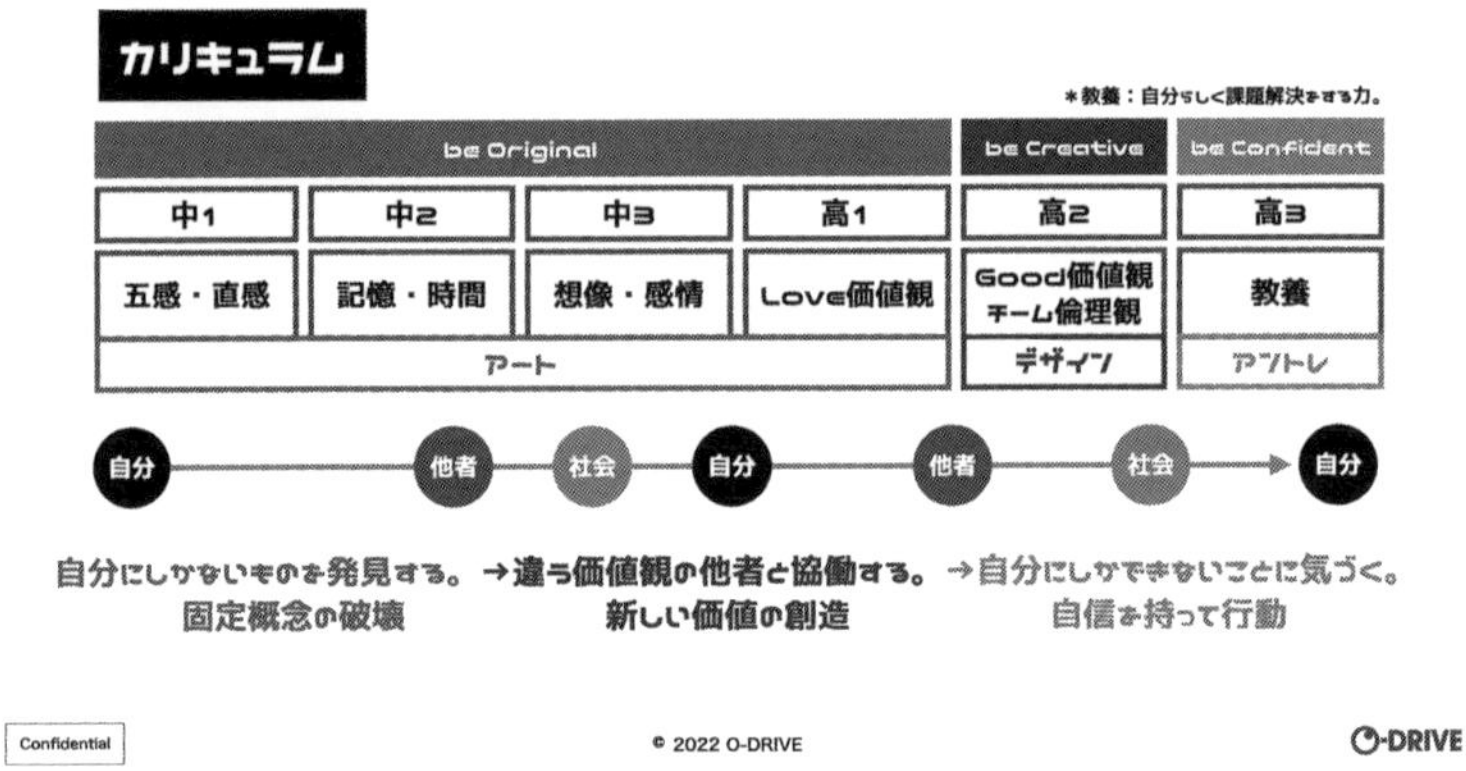

提供：追手門中・高等学校

Empathy／自分だけじゃないと思う姿勢

この5つの「姿勢」を大切にし、カリキュラムとしてはシンプルにインプット、アウトプット、共有、振り返り、意味づけを繰り返しています。

体験的な学びをするには、教科のメタ認知ができるような効果があるべきと考えているので、自分を振り返って「自分にとって正しい行動とはなんなのか」を生徒が考えられるような仕組みをつくっています。

価値観のちがう生徒が選ぶ「創造コース」

――普通科と「創造コース」とがあるとお聞きしました。

池谷先生： 当校には偏差値で分けられた普通科と、ほかに、スポーツコースと2022年にできた創造コースがあります。

牛込先生： 座学を中心とした一般的な学習ではなく、

グループ学習を軸として学んでいくのが創造コースです。特徴は定期テストがないことです。ただのペーパーテストでは学習したものを網羅するのは不可能ですし、テスト範囲の勉強をしたところで、テストが終わってしまえばすぐに忘れられてしまうので、活動を通して学んだほうがよいのではないかという結論になりました。

それにともなって、入学試験にもチームワーク入試を取り入れました。内容は、試験を受けに来た生徒たちとグループワークをして共同発表、その振り返りを提出するという90分ほどの試験です。入試も学び方に合わせて変えたし、学び方も旧来とはまったく違う形に展開していっているのが創造コースと普通科の大きな違いですね。

池谷先生：　創造コースを立ち上げるとき「学校で行う学びの本質」「理想」ってなんだろうと考えました。生徒たちが人生を通じて学び続けられて、学ぶことが楽しいと思える大人になるにはどうしたらいいかと考えたとき、そのプロセスにテストという言葉は出てこなかったのです。いろんな体験をしてみることを大事にして、それを振り返ることで学びの積み上げをしていきたいのです。

その学びも、「学校全体としてどう育てたいのか」をテーマに、教科も授業もホームルームも、どのようにすれば理想なのかを常に考えています。今も、正解を探している真っ最中です。

牛込先生：　実際に入学してきた生徒からは「先生が前に立って教える従来の授業が好きじゃない。そうじゃない授業がいい」という声が多かったのです。今までの「当たり前」がいやだという生徒が追手門に来たという感じですね。

池谷先生：　テストで点数をとることができる生徒は普通科の一番上のコースにいきます。そのテストの点数が自己肯定感を高めてくれます。反対に、そうでない生徒たちは点数が低いので自己肯定感も低い。つまり、テストがあることで、テストの点数でしか自分の自己肯定感を測ることができないんです。（追手門学院高等学校は普通科として特進ＳＳ、Ⅰ類、Ⅱ類があり、一番上は特進ＳＳ）

一方、創造コースに来る生徒たちは「そんなもので測るなんてナンセンスだよね」という考えの生徒が多いので、自己肯定感が高い生徒が多いのです。つまり、違う価値観を持っていて、それを表現しようと創造コースを選んでくれたんだと思います。実際に学校の行事、生徒会活動に積極的にかかわるし、学ぶ意欲もすごく高い。

牛込先生：　主体性に関しては他校の生徒よりも高いと思います。高校生にして自分の物差しを持っている生徒は貴重ですし、そういう生徒のための環境があって居心地がいい場所を用意できているのが創造コースの強みです。

創造コースのプロジェクト「真善美」

――創造コースの創造たるゆえんはなんでしょう?

池谷先生： 創造コースのゴールは「真善美」です。認識上の「真」と、倫理上の「善」と、審美上の「美」。理想を実現した最高の状態を意味します。提案者の探究デザイナーの先生自身がＩＢ（国際バカロレア）の教育を受けていて、ＴＯＫ（Theory of Knowledge）に造詣が深い先生だったからです。ＴＯＫは、クリティカルに思考して、知るプロセスを探究する授業で、「知識の本質」について考えることを大切にしています。「本質の追究」という側面と「真善美」が近いのです。

カリキュラム全体は、大きなテーマで抽象度の高い内容にして、時間をかけて追手門によりピッタリなカリキュラムを見つけるための施策として、人間にとって最も大きなコンセプトである「真善美」を設定したのです。

牛込先生： 「真」では「知る」をテーマに学んでいます。生徒に対しては何をもって知ったとするか、課題定義のみ行います。そのかわり、映像や文章を示しつつも、生徒たちに結論や考えをゆだねています。生徒の活動をあまり邪魔せず、オリジナルの「知る」の理解に到達してもらうことが大切だからです。

前提はあくまで、自分たちで考えていくというスタンス。チームで話し合って、結論は自分で考えるという流れをつくります。すると、先生側がここに導きたいと働きかけなくても、自分たちなりの回答を持ってきます。ですから、私たち学びをデザインする側は、生徒が何を題材として扱うかを重視しています。準備にはすごく時間をかけますが、そこから出てくる答えや見解、意見、意味は生徒たちにゆだねられています。

私たちが消化しきれていないものは、生徒たちも消化しきれていないことが多いのですが、そんななかでも自分たちだけで考えて回答を持ってくるのは、驚きでした。

池谷先生：新しいコースだし、いろんな先生とかかわれるし、生徒の意見を引き出せる環境が整っているので、生徒たちもいい刺激を受けているのかなと思います。

誰もやったことのない挑戦

——だいぶご苦労なされたのですね。

池谷先生：いちばんうれしいのは、生徒たちがこのコースに入って来てくれたということです。正直、生徒が入ってくるまではうれしいことは一つもなかったですね。「0→1」をつくるプロセスが大変でした。私自身、疲れていたこともあると思いますが……。

牛込先生：私は、生徒が人の話を聞いてくれることですかね。私の過去の印象で、生徒たちは聞いているようで聞いていないみたいなイメージがあったんですけど、いい意味で裏切られました。

たとえばホームルームでも「一言一句を聞き逃さないぞ！」みたいな感じで聞いてくれていて、「吸収しよう」という思いが伝わってくるんです。だから教師としてそれに応えたいと思うので、私たちのモチベーションにつながります。

それが生徒たちの行動、作品にあらわれてくると、仕事は大変だし、時間にも追われているけれど、自身が癒されますし、頑張ってよかったと思います。

池谷先生：自分たちの学びの中で、何がいちばん印象に残っているかと先生方に聞くと大体授業という答えは返ってこないんですよね。部活とか海外での学びが多いんです。学校の中で残っていたものがないので、学校の中でも印象的なものをつくっていきたいという話をしても、学校の経営があるし、親のニーズもあるしで、教育以外の話にずれていってしまう。

じゃあ実現したらどうなるかを考えたいはずなのに、そこに割く時間や労力もなかったと思うんです。だからそれを今実現できているというのはすごくうれしいですね。これがあるから、他の先生や学外の先生にも実例として経験を話すことができるのは大きいです。誰もやったことがないかわからない、の答えの実例ができたので。

保護者にどう理解してもらうか

――周囲の変化はいかがでしょう？

牛込先生： 先生方は今までよりも「どう授業をやろうか」とより深く考えるようになったと思います。「真善美」の「真」に関連する教科にしたり、一方通行の授業とならないために、どんな授業をすればいいかを常に考えるので、先生方の考えのアップデートにつながっていますね。保護者も積極的になりました。保護者会ではワークショップを保護者にもしてほしいという意見が出るほど、新しい考え方、学び方に寛容な保護者が多いんです。

こうした流れになっているのは、最初の説明で「積極的にかかわってください」と伝えているからだと思います。授業としてはＳＥＬ（Social and Emotional Learning：社会的・情動的学習）がこれから世界で必要とされ、伸びていくことを伝えて、「自己理解ができないと他者理解もできないので、社会に出るうえで必要です」と伝えたとき、保護者から保護者間のワークショップをやろうという意見が出たんです。

池谷先生： それでも我々の考える人材が「今の社会に必要とされている」ということを保護者に理解してもらうのはまだまだ難しいですね。実際に社会でその変化を感じていないし、たとえ感じていても、これまでの教育観から抜け出せていない。子どもにも挑戦させたい保護者との実感は大きく異なるんです。

けれど、これまで周りでは認められなかった人たちが、挑戦させたいと願っていた保護者たちも含め、その思いが一つになったんだと思います。創造コースの場合、生徒が選んだとはいえ、保護者の理解がないと来てくれませんので、自然とそうなったのかなと感じます。

一緒に「破壊」に挑戦しましょう

――「創造コース」の手応えはいかがですか。

池谷先生： 生徒にも言っているのですが「かたちにしてみないと何もわからない」し、かたちにして人に見てもらって初めてその価値が見えてくるというのが実感としてあります。カリキュラムをやってみて、一定の納得感や学びがあるという確信が持てるようになりました。

ですから今の探究科の考えをもっと究めたいのですが、まだ一歩足りていないと思うので、もっと深く踏み込みたいですね。創造コースの取り組みはその先にあると思います。

牛込先生： 追手門でやっていることは一切隠すつもりがありません。他校の先生がプログラムを知りたいとおっしゃられたら、すべてを教えられる環境が整っています。どんどん盗んでいただいて、一緒に教育をつくっていってほしいです。

池谷先生： 外から見るとキラキラしているように見えるのか、周囲からいろんなことを言われますが、実際は逆で泥臭いことをやっています。その理由は、今の「当たり前」を破壊したいからです。いろんな大変なことがありますけど、それだけ、破壊することには価値があると思います。

私は学校でいちばん「この学校をよくしたい」と思っている自負があるし、学校でいちばん「日本の教育をよくしたい」と願っている自信があります。

そして、それには破壊が必要だと感じています。やってみないと何が待っているかわからない。破壊してみたいけど、今の慣習にとらわれて、二の足を踏んでいるのであれば、どうぞ私たちに連絡ください。一緒に破壊していきましょう。

追手門学院中・高等学校の「探究科」は、教育内容や子どもの成長プロセスを発信するメディア「o-drive」を公開しています。ぜひ、これもご覧ください。

大学進学で終わらせない！　大人になっても芽を出す子どもを育む

前田　紘平先生　昌平中学・高等学校

アメリカ生まれ。中学3年生で帰国。早稲田大学を卒業。民間企業（メーカーと商社）の海外営業を経て、埼玉県の昌平中学・高等学校に勤務。教頭と国際教育部長として、昌平中学・高等学校でのＩＢ（国際バカロレア）教育に立ち上げから関わる。また、ＩＢ機構にて、ＤＬＤＰプロジェクトコーディネーターとして日本でＩＢを普及させるための調整役も担う。（ＤＬＤＰ:DUAL LANGUAGE DIPLOMA PROGRAMME　日本語と英語の二言語でのディプロマ・プログラム）

手をかけ鍛えて送り出す

本校は埼玉県北葛飾郡にある中高一貫の私立校です。以前は東和大付属昌平高校という名前だったのですが、２００７年に運営する学校法人が変わり、「昌平高等学校」となり、部活動の強化、中学校の設立、グローバル教育の充実とさまざまな取り組みを進めています。

私は中学校開校3年目から本校で働いていて、グローバル教育をメインで担当しています。昌平は東京から少し距離があるため、それほど海外志向を持っている生徒は多くない印象ですが、海外に関心のある子に対しては刺激がある教育をしたいと思っています。

モットーとしているのは、「手をかけ、鍛えて、送り出す」。生徒たちがきちんと満足して卒業を迎え、次のステージへ進学する。そのサポートに注力しています。

素朴で素直な生徒が多いのですが、昌平の特徴のある学びを経験し、勉強や運動でなんらかのかたちで一番をめざしたいと一生懸命に頑張る生徒が多いように思います。結果、野球、サッカー、ラグビー、バスケットボール、女子駅伝、ソフトテニスなどのスポーツは県内強豪として知られており、全国レベルで戦っている部もあります。

グローバル教育を行いつつも、日本の文化も大切に

本校の特色のある学びはやはりＩＢ教育です。最先端の教育学に基づいたＩＢ教育を中高の両方で提供しています。日本は残念ながらまだまだ学びの多様性に乏しい面があります。加えて学校という環境には閉鎖的な部分があるため、どんどん外に出るべきだと思うのですが、いかに多様性を学校教育に取り入れるかが課題となっています。日本の学校には、どうしても同調圧力、輪を乱さずにみんなで協力し合いましょうという雰囲気がありますが、そうすると、必然的に同じような考

え方を持った生徒ばかりになってしまいます。昌平はそうならないように、多様性をどんどん取り入れています。

ＩＢ教育もそうですが、部活動強化も、進学コースも、実践している生徒だけにメリットがあるわけではありません。生徒が、自分と異なる学びをしているコースの生徒を日々目にするということも大事であると考えています。

ＩＢ教育においては、いわゆるアクティブラーニング、生徒主体の探究型の授業が主となっています。認定校ですので、中学校でも高校でも最終的にはＩＢが求めることは実施しますが、卒業後の大半の生徒が出ていく先は日本社会なので、グローバル教育を行いつつも、日本の文化も大切にしています。

昌平中学校では全員がＩＢ教育の対象です。ＩＢの授業を生徒主体でやることをもちろん大切にしていますが、一つのことに愚直に取り組む日本人の真面目さ、たとえば計算ドリルをきちんとするなど、基礎学力の勉強もおろそかにはしません。ＩＢ教育がすべてではなく、従来型の授業も大切という考えです。

また、アスリートクラスであっても、スポーツだけに専念することを学校として認めていません。全国をめざすレベルの子であっても、学習面で手を抜かないよう指導しています。２０２２年度、野球部は県大会の決勝まで行ったのですが、３番バッターはドラフト指名でプロ選手になり、４番バッターは引退後に本格的な受験勉強を始めて、一般入試で筑波大学に合格しました。文武両道の好例だと思います。Ｊリーガーも毎年輩出していますが、クラスで成績上位の生徒が多いです。

また、最近では、積極的に社会と繋がる活動の一環として、タイガーモブさんと一緒にＳＤＧｓやソーシャルビジネスをテーマにしたプログラム「ＩＧＮＩＴＥ」を実施し、社会問題解決のための力をつけ、自分のやりたいことを見つめる時間をとっています。これもＩＢ教育とめざす方向性が同じなのですが、何よりタイガーモブさんとの取り組みは、私自身楽しく取り組んでいます。

未知の分野だった「ＩＢ教育」

導入当時の２０１４年、ＩＢはまだまだ日本で普及していない新しい教育方法でした。英語で書かれた資料が多かった上に、先行事例として話を聞ける学校がほとんどありませんでした。そのため、自分たちでやらないといけないこと、考えないといけないことが多くありました。

自分たちが受けたことがない教育をこれからやろうとするわけですから、「これでいいのだろうか」という不安はつきものでした。各自が不安を抱えているなかでプロジェクトを前に進めるためにはどうしたらいいか、進め方には気を配りました。一気にすべてを変えるのではなく、１年目でやるべきこと、２年目でやるべきこと、認定校になってからやるべきこと、とステップを細分化して、徐々に徐々に、大事なことから優先順位をつけて、授業の仕方を変えていったという感じです。

嬉しかったのは、生徒の行動変化が目に見えて現れてきたことですね。

ＩＢ教育は導入して3年ぐらい経つと、効果が見えてきます。自分たちで考えて動ける生徒が増えてきます。自分で考えて行動したり、勝手に自走して勉強する。そんな明らかな行動変容が生徒たちに見られたら、大人はあれこれ言わずに後押しするだけです。

教育というのは成果がなかなか目に見えてわかりづらいですが、生徒の行動が以前と比べて明らかに変わってきたと感じたときに、取り組んできてよかったという実感に満たされます。

このあいだ卒業したＤＰ（ディプロマ・プログラム）1期生に、陸上部でインターハイに出場した生徒がいました。その生徒は他校の生徒と学生団体を立ち上げ、オンライン座談会などをして、日本の教育を変えようと取り組んでいました。その後は、東京学芸大学に入学したのですが、インターハイに出る陸上の実力を持ちながら、外部での活動もやり、さらに東京学芸大学に進学するという三本立てをやってのけたのは本当に凄いと思います。

学業も課外活動もすべて欠かさずやる、というのは誰にでもできることではないと思います。ただ、そこに挑戦する経験をしたからこそ得られる価値観というのはあるはずです。挑戦のなかで養われた非認知能力は、間違いなく大人になっても役に立つと思います。

一人で挑戦するのはなかなか難しいことですが、昌平では、進学・部活動・国際教育の多様な学びが混ざり合っています。その相乗効果で、結果を出せる生徒が増えていると感じています。

教員の間に仲間意識が

部活動の活躍で、生徒たちの喜びようは言うまでもなく、先生同士にも仲間意識が生まれてきました。私が昌平に来たばかりの10年ほど前は、大半の部活動が、全国をめざしつつも、県大会のベスト4やベスト8で敗退してきました。それが数年後にサッカー部が全国大会に初出場し、駅伝部がそれに続くなど、全国大会に出ていくことが現実になっていました。そうなると、それぞれの部活同士、教員同士、生徒同士にいい意味で刺激が生まれます。部活の枠を超えて、戦うフィールドは違うけれどもお互いに頑張ろうと仲間うちで高めあうようになったと感じます。

ＩＢ教育もスポーツに近いところがあります。ＩＢでは教科横断型の授業が大事になってくるので、それぞれの教科の中だけで授業が完結できません。また、他教科の取り組みでも参考になることが多くあります。必然的に教科を超えた情報交換が必要になってきて、以前に比べて教員同士の風通しが良くなりました。加えて昌平はＩＢ認定校なので、外部のメンバーが定期的にチェックに入ります。そういう意味では、教科担当は常に緊張感を持って取り組んでいると感じます。

教科担任はそれぞれ教科の専門家ですが、自分のことだけをやっていればいいというわけにはいきません。教科の枠組みを超えて、教員と生徒が刺激しあって、教室や学校がどんどん開放的になればいいと思います。

地域からも「大きく学校が変わったね」という目で見ていただいています。いろいろな分野で全国区になってきていますし、常に新しいことに取り組んで成長している学校ですので、街ぐるみで応援してもらえるのですが、私立の中学高校としてはめずらしいと思います。

共に進んで日本の教育を変えましょう

今は目の前のことで手一杯ですが、長期的には日本の教育を変えていきたいですね。

というのも日本の教育はまだまだ閉鎖的だと思うからです。各学校の大学の合格実績が最も注目される状況というのは寂しいと思います。もちろん数字で判断されるところもあるし、生徒も難関大学に行きたいと考えているので、学校として当然対応が必要です。ただ、「大学に行ったその先」への対応が足りていないと思います。大学を卒業して、学歴が関係ない世界に入ったなかで、次に何をやりたいのかをきちんと語れる人を育てていかなければならないと私は思っています。大人になってしっかりと日本をつくっていける人を育てたい。社会起業家創出プログラム「ＩＧＮＩＴＥ」も、そんな想いから生まれました。

少子高齢化が進み、日本のマーケットはこの先確実に小さくなっていきます。なかなか先が見えてこない状況のなかでは、自分がやりたいことは自分で見つけ、その目標に向かって進んでいくことがとりわけ大事だと思います。

昌平は前例踏襲、去年やったからまた同じことをやりましょう、ということはしない学校です。新しいことにどんどん挑戦していて、結果として地域や塾などでも高い評価を得ています。教育に終わりはないので、この先も挑戦を続けていくつもりです。

それと、教育の本質は何かをみんなで考えていきたいですね。大学合格実績や広報活動はあくまで付随的なものです。教育はなかなか成果が出ないので、すぐに成果が出ることに走りがちです。そうではなく、10年後、20年後に生徒が大人になったときに、「あのときあの経験をして良かった」と思えるような、いろいろな種を生徒に植えつけるのが私たちの役割だと思います。

そんな教育ですから、自分一人ではやれることに限界があります。いろいろな先生方と一緒に試行錯誤で進めたいと思います。その意味でもＩＢ教育に興味をもたれたら、ぜひ昌平へ見学に来てください。繋がって、いろいろ連携できたらいいと思っています。お互い学びあって一緒に前進しましょう。

第8章　学びから生まれた次世代リーダーたち

最後に、実際に輩出した次世代リーダーを紹介します。ここまでは、学びの提供側の視点から述べてきましたが、ここでは実際に主体的な学びを経験した生徒たちの貴重な体験談をお届けします。彼ら彼女らが、どのように変貌したのか、そして、そのきっかけはなんだったのか。タイガーモブが提供した挑戦機会に参加した生徒たちに話してもらいました。

世界中の子どもたちが自由に未来を描ける社会づくり

山田果凛さん
大阪大学2年・株式会社Ｆａｍｉｌｌｉｃ 代表
（沖縄クリスチャンスクールインターナショナル卒）

アフリカで新たな道を見つけたい

14歳のとき、私は生きる意味を見失ってしまい、心が塞ぎがちになっていました。そんな私を見兼ねた父が赴任先のインドに私を連れて行ってくれたのです。そのとき私は初めて、ストリートチルドレンの男の子と出会い、〝子どもが子どもでいられない世界〟を目の当たりにしました。世界には助けを必要としている人がたくさんいることを知り、その人たちのために恵まれた環境で育った私に何かできることはないかと考えるようになりました。

インドから帰国した後はそんな想いを抱きながらボランティア活動を行ってきました。しかし、活動を続けていくうちにボランティアで助けられる範囲の限界を感じ、ボランティア以外で持続的に助けられる方法を模索していました。

そんな矢先、私が今まで行ったことのないアフリカで起業に挑戦する「ＫＯＢＥ ＳＴＡＲＴＵＰ ＡＦＲＩＣＡ」の存在を知り、ボランティア以外の新たな方法を見つけられるのではないかと思い、プロジェクトへの参加を決めました。

子どもたちの未来が広がる社会をつくりたい

自分のやりたいことを持続的に行えるソーシャルビジネスがある。そのことをこのプログラムの中に見つけた私は、願いである「子どもたちの未来が広がるような社会づくり」にトライしようと決め、ルワンダで伝統工芸品ブランドを立ち上げることにしました。

伝統工芸品に着目した理由は、現地の人に寄り添い、押し付けではなく皆で学びながら進めていくというスタンスを大切にしたいと思っていたからです。

ビジネスパートナーには現地のシングルマザーを起用しました。それは、私自身が一人親だったこともあり、その大変さを知っていたからです。また、ルワンダはシングルマザーの社会的地位が低く、生活が厳しいということを以前から聞いており、社会的地位に関係なくシングルマザーたちが家族のために胸を張って取り組める仕事をつくり、そして一緒に子どもたちの可能性を広げていきたいと思ったからです。

私はプログラムを進めるなかで、自分の考えたプランでの起業は大学で経営学を学ぶ必要があると感じはじめていました。でも、プロジェクトを一緒に取り組んでいた大学生の「自分がやりたかったことを起業で実現できるならやったらいいじゃん、やってみないと何もわからないよ」という言葉に背中を押され、帰国後はソーシャルビジネスで起業することを決めました。

新しい世界への扉「トビラカフェ」と仲間づくり

２０２０年７月、私は、株式会社Ｆａｍｉｌｉｃを立ち上げました。企業理念は、「世界中の子どもたちが自由に未来を描ける社会づくり」。

しかし、拡がるコロナ禍の影響でルワンダへ渡航できなくなり、当初進める予定だったルワンダと日本をつなぐイミゴンゴ（ルワンダの伝統的なアート）プロジェクトは止まってしまいました。そこで、ルワンダに行けなくても日本国内にある良いもので彼らに貢献できないかと考え、日本でも流通しているルワンダのコーヒーに注目し、ルワンダ産コーヒーを取り扱う「トビラカフェ」を開店したのです。

どうせやるなら来店する人たちの視野を広げ、共感を生んでアクションを起こしてくれるような場所にしたい。そんな想いから、今はカフェとしてだけではなく、コミュニティスペースとしても活用しています。カフェの経営以外に、学校での出前授業、イベント開催、カフェで出るコーヒーかすを使ったグッズのブランドの立ち上げなども行っており、いつルワンダに渡航しても大丈夫なように伝統工芸品のリサーチなどもやっています。

今後は、世界に一人でも多くの活動仲間が増えるようにという願いから、私の姿を見て挑戦する人が増えるよう私自身が実績を積み、「自分のやりたいことでアクションを起こしていいんだ」と思ってもらえるように頑張っていきます。

直近では、廃棄されてしまうコーヒーかすを使った環境に優しいグッズの製作や、カフェの多店舗展開に力を入れています。そのなかでカフェを運営してくれる同じ想いを持った人を見つけ出し、活動仲間を増やす場所づくりをしていく予定です。

みんなが住み続けたいまちづくりを世界中で実現する！　～島から世界へ～

住田真珠さん
広島大学1年
（広島県立国泰寺高等学校卒）

人が住み続けられるまちづくり

私の出身高校、広島県立国泰寺高校にはWWL（ワールド・ワイド・ラーニング）というグローバル人材育成プログラムがあります。文部科学省主体の社会課題に取り組むプログラムの一つで、タイガーモブさんがそのプログラムに関わっています。

プログラム期間中は、月に1、2回ほどZoomやSlackなどのチャットツールを使用してタイガーモブのスタッフの皆さんとコミュニケーションを取り、各々が参加するプロジェクトの進捗状況の確認やフィードバック、活動のブラッシュアップなどをやっていただきました。ほかにも個人のプロジェクトにも提案をいただき、より個々のプロジェクトが円滑に進むよう、大人の方と協働する機会をいろいろ提供してもらうなど、活動の幅を広げることができました。

プログラム中は、個人プロジェクトとして私の地元、広島県江田島市の地域活性に取り組みました。小学生のころから総合学習の時間に江田島について学んだり、その抱える課題に触れる機会はありましたが、いつも解決策を導き出すだけで学習が完結してしまっていました。そこで今までの学びを実際にアクションに移し、地元に貢献したいと思ったのです。

プロジェクトでは、情報収集のために市役所を訪問したり、自分の想いを知ってもらうためにワークショップを開催したりするなかで、同じような想いで活動をしている方と繋いでもらい、私のプロジェクトに対して意見やアドバイスをいただきました。

こうしたさまざまな方との出会いを通じて、私は、人口の多寡や財政事情にとらわれない〝人が住みやすい持続的なまちづくり〟が私のめざす地域活性だと明確に認識することができました。自分のめざす姿が明確になったことで、より自分がやるべきことが明確になり、自分のやりたいことに対してスムーズにアクションを起こせるようになりました。

プログラム中にタイガーモブの皆さんに〝実践することの大切さ〟を教えてもらえたことは貴重な体験でした。アドバイスを胸にアクションを起こしたことで、その経験が自分の自信に繋がり、実践の価値を実感しました。まずはアウトプットや実践をしてみるというマインドと行動力が身についたと思います。

世界を巻き込んだ持続可能なまちづくり

私が今回のプロジェクトを進めるなかで、とりわけ地域の活性化を考えていく上で、大切だと思ったのは「住みやすさ」と「持続可能」という言葉です。この2つをキーワードに、世界中に存在するスラム街のまちづくりについて調べ、ゆくゆくはスラム街に住む人々が自立できるような環境やシステムづくりを現地の人たちと一緒にやっていきたいと思っています。そして将来的には人が住みたいと思い、住み続けられるまちづくりを世界中で実現するような仕事に就きたいです。

そのためにも、同じ想いをもつ同世代の仲間たちと繋がり、自分の活動や想いを彼らとの対話を通して共有することを目標にしています。それが彼らのアクションを起こすきっかけになったり、ともに住み続けられるまちづくりに向けた活動のチャンスをつくったりすることができたらいいなと思っています。

今回のプロジェクトを通じて江田島で得た学びを世界に発信し、アイディアを共有する〝横のつながり〟と、時を越えて受け継がれる文化や伝統などの〝縦のつながり〟を大切にした世界を巻き込むまちづくりに関わっていきたいです。

バーチャルな時間軸によって物理時間の制約をなくす

青山柊太朗さん
コロンビア大学1年（東京大学休学中）
（ぐんま国際アカデミー高等部卒）

知らない世界に飛び込むことで見える世界が変わる

私は幼いころからSFが大好きで、そんな私を見た母が小学4年次のころから私をロボット教室に通わせてくれるようになり、その延長で小学5年次には「スクラッチ」という簡単にプログラミングを学べるツールを使ったプログラミング教室にも参加をさせてくれました。そのころからテクノロジーを使ったものづくりに興味を持ち始めました。

その後、開発できる物の幅を広げたいと思った私は、奨学金を借り中学3年次にサンフランシスコに1人で渡り、iOSアプリを開発するサマープログラムに参加しました。この体験で、自分の未体験の世界に飛び込むことで見える世界が広がることに気づきました。

アメリカから帰国後、タイガーモブの「深セン未来合宿プログラム」の存在を知りました。「深セン」とは中国屈指の巨大都市「深圳」のことです。行ったことのない国、見たことのない世界での学びを通じて自分の考え方の幅を広げたいと思い、中学3年次の秋に「深セン未来合宿プログラム」に参加をすることを決めました。

考える暇があったら手を動かす

プログラム中は、現地企業や深圳の秋葉原と呼ばれる電気街を訪れたり、当時まだ世界に浸透していなかったシェアサイクリングを利用して深圳市内を回るなど、多くの経験をしました。

これらの経験を通して、街の雰囲気であったり、どのくらい深圳という地域が栄えているかは、実際にその場を訪れてみないとわからないことを学びました。

また、今でも記憶に残っているのですが、深圳の電気街を訪問をした際に、材料の調達からものづくりまでがその場で完結するスピード感ある光景がとても印象的でした。その体験をきっかけに、「考える暇があったら手を動かして試す」という物事の進め方を意識するようになりました。

新しい経験を積極的に重ねることの大切さに気づき、迷うことなく新しい環境に飛び込んでいくようになりました。

深セン合宿の次は「トビタテ！ 留学ＪＡＰＡＮ」を利用して渡米しました。アメリカのＩＴ系企業での3カ月間のインターンシップ、さまざまな大学の研究室の訪問、「ＮＡＳＡ ＪＰＬ」での火星探査機の製作現場の見学など、いろいろな経験を積むことができました。

深セン合宿では、ふだん接することのない分野で活躍する方々とも出会うことができ、自分のキャリアを考えていく際の選択の幅が広がったと思いますし、そのような予想外・予定不調和な体験によって、自分の見える世界が広がり、これもまた将来の選択肢が増えると感じています。

自分の〝好き〟を追求し、活かしていく

私は2022年、アメリカのコロンビア大学に合格しました。日々自分とは異なる多種多様な人たちと繋がり、挑戦と学びを続けられると胸をワクワクさせています。大学で専攻する分野にとらわれることなく、今まで自分が足を踏み入れたことのない分野について学び、自分の視野を広げ、今後の大学での学びや大学卒業後の人生に活かしていきたいと考えています。

長期的には、技術を用いた体験の拡張によって「物理時間の制約をなくす」ことをめざしています。バーチャルな時間軸をつくり出すことによって「時間軸」の制約や課題を解決するソフトウェ

アの開発に取り組んでいます。たとえば、２０２０年には「Ｋｉｎｅｔｏ」という映像授業用ソフトウェアを開発し、生徒同士が同期していなくてもライブ感覚で授業を受けられる環境を創りました。

これだけで終わらせず、今後も「バーチャルな時間軸」と何かを掛け合わせ、物理時間の制約をなくす体験の開発に取り組みます！

エシカル商品が当たり前に買われる世界を実現する

齋藤杏理さん
三田国際学園高等学校3年

カナダ留学でエシカル商品を知る

私は大学受験を前に将来について考えるようになりました。今までの自分の人生を振り返ってみたときに、自分が環境問題に関心があることに気づき、またそれが自分の夢にも繋がっているんだとわかりました。その気づきを自分の将来へ繋がるものへと深めていくために、より実践的な機会を求め、環境問題を扱うインドネシアの企業で完全英語のインターンシップへの参加を決めました。

環境問題に関心を持つまでの私は、何かを買うときに、環境や社会、人間への影響などは考えずに、ただ自分が欲しい、食べたいと思う商品を購入していました。そんな私の姿勢を変えてくれたのが、高校1年生のときに経験した8カ月間のカナダ留学でした。留学中に、学外のボランティア団体で活動する機会があったのですが、そのとき初めて「コンポスト（有機肥料）」について知り、環境に配慮した農家さんの取り組みなどについても学びました。実際に農家さんへお邪魔して、乾燥させ粉末状にした雑草を使ってペーストをつくり、販売するまでの過程にも携わらせていただきました。日本で暮らしていたときには存在すら知らなかった「エシカル＝環境に配慮した」商品と出会ったことで、私の価値観は変わっていきました。

帰国後、エシカル商品への興味はどんどん増していきました。高校の学園祭では企業と協賛して、廃棄になってしまうドライフラワーを利用したエシカル石鹸をつくって販売したり、ＥａｒｔｈＤａｙのイベントでペットボトルからつくったビーズでアクセサリーをつくるワークショップを主催したりと、さまざまな活動へ繋がっていきました。これらの活動を通して「一回きりのイベントだけで終わらせるのではなく、エシカル消費を持続させていかなければ……」という思いが湧いてきて、さまざまな企業のエシカル商品を取り扱うオンラインショップを運営するインドネシアの企業でのインターシップに参加し、ポップアップストアのボランティアスタッフも担当しました。

言語の壁を乗り越えて自信につなげる

今回のインターン経験を通して、国をまたいで事業を展開することの大変さを知ると同時に、これまで自分が感じていた言語の壁がなくなったように感じることができました。インターン先はインドネシアの企業だったため、日常的なやりとりや報告など、すべてのコミュニケーションが英語でした。参加前は不安があったのですが、実際に働き出してみると、自分が積極的に話しかけて英語で会話をしていくなかで、自分は言語の壁を超えて相手と意思疎通ができるという自信がついてきました。言語の壁を乗り越えられた経験は、自分にとってとても大きなもので、「どんなことにも挑戦していきたい」と思えるきっかけになりました。

インターン中は、主に高校生向けのＳＤＧｓを中心とした世界の現状を発信したり、インドネシアのカカオ農家の現状について触れる機会が多くありました。実際の事業に関わっていくなかで、インターネット検索で出てくる情報からは得られないようなインドネシアの実情や課題を垣間見ることができ、そういった課題をいち早く解決できるよう動いていきたいという気持ちが強くなりました。

私が消費の未来を変えていく

これまでの活動を通して最も強く感じたことは、エシカル商品は、環境問題など倫理的な側面に配慮した商品に関心のあるお客さん以外にはあまり購入してもらえないということでした。実際に調べてみると、日本のエシカル消費は世界市場の1パーセントに過ぎず、またエシカル商品自体の認知度も欧米では８割ほどであるのに対し、日本では４割ほどと、まだまだ普及していく余地があることがわかりました。そこから私は「一般の消費者が日常生活のなかで当たり前のようにエシカル商品を購入する世界」を実現させたいと思うようになりました。３年ほど前は興味すらなかったテーマですが、こんなにも夢中になって楽しみながら打ち込めることに出会ったのは人生で初めてのことです。

私は現在受験生なのですが、進学先の大学ではエシカル消費の認知を高めていくためのマーケティングと消費者意識・購買行動を学びたいと考えています。総合型選抜（旧ＡＯ入試）で受験予定なので、現在はこれまでの自分の活動をまとめ、エシカル消費に対する探究学習を進めています。いつか日本も、エシカル商品消費が最も進んでいるイギリスのようになれる可能性があると思っているので、受験が終わったら、経営学を大学で学ぶ傍ら、エシカル商品の普及活動や消費教育の分野にも関わっていきたいです。また、自分自身でもエシカル商品の企画・開発・販売に挑戦していきます。

チャレンジングな経験で夢や憧れは現実にできる

山田悠登さん
Earlham College 4年
（淑徳中学高等学校卒）

高校生のうちにチャレンジングな経験をしたい

タイガーモブを知った理由は、タイガーモブの信頼できるお兄さん、中川原《なかがわら》弥晨《びしん》さんのおかげです！　教育系のイベントに参加したときに知り合って、熱心に海外インターンのことを教えてくれて、そこから「高校生次世代リーダープログラムＡＣＴ」の存在を知りました。もともと、海外インターンには興味があって、プレゼンを聞いたときに自分の興味がある教育の分野と繋がると思ったことと、単純に自分にとってチャレンジングなことがプログラムに多かったのが参加した最大の理由です。それと大学生になる前に海外インターンを経験することで、今後の行動のモチベーションも変わってくるなと思って決めました。

「さあここまでくれば即行きでしょ！」という心理状態になっていたのですが、実際は高校３年生で受験真っ只中という時期で、自分の意思は固まっていましたが、両親を説得するのに結構時間がかかりました。とくに、受験生ということもあり、塾代などいろいろとお金の負担が大きかったため、悩ましかったのですが、なんとかクラウドファンディングで支援を募ることに成功し、渡航することができました。

インドネシアのバリで行われた「ＡＣＴ」に参加

２０１８年8月、念願叶い、インドネシアのバリで行われた「ＡＣＴ」に参加することができました。主なプログラムは次の２つです。

１ 企業訪問、社会起業家のワークショップ、カカオ農園視察、現地視察
２ プロトタイピング、プレゼンテーション

これで、価値観が圧倒的に変わりました。

具体的には途上国へのイメージが変わり、ビジネスや団体事業の難しさを知りました。行く前は勝手に、途上国の人＝困っている、助けが必要と思っていました。しかし、実際に現地で感じたの

は、べつにそのままでも彼らはハッピーだということです。彼らの伝統や習慣を大事にする姿はとても美しいものでした。

ですから、何か支援や事業を立ち上げるときは、ローカルの的確なニーズを知ることが大事だと気づいたのです。

また、団体やNGOの人たちの活動についても新たな気づきがありました。彼らが活動している理由は利益のためではないし、純粋に自分の想いでアクションを起こして今のかたちになったことを知りました。一人ひとりが国のため、地元のために何ができるだろうと考え、たくさん経験をした結果、社会問題を解決する一歩になるのはすばらしいことだと改めて気づかされました。

地球の問題に目を向け、実際に触れ、自分の「らしさ」を活かす

結果として高校生で「ACT」に参加したことが大きなきっかけとなり、アメリカのEarlham Collegeへ入学できました。「ACT」での経験を通して自分の価値観が変化したことは進学するときの強いアピールポイントとなり、その経験が自分の人生の中で大きな基盤となっています。

IR（インベスター・リレーションズ）やNGO、貧困問題などを学びたいと思い授業をうけていましたが、この大学はリベラルアーツを重視する学校なので、ゼネラルな授業で考えが変わり、

今は心理学をメインに専攻しています。副専攻として環境サステナビリティをとっており、そこに興味を持ったきっかけも「ＡＣＴ」で環境問題に触れたという背景があります。

また、海外に飛び出す不安感がまったくなくなったのも大きな変化です。「ＡＣＴ」に参加した後は友人とバックパッカーになったり、大学に入学してからも交換留学がしたいと思い、プランを立ててすぐ行動するようになっていました。これも自分のなかでは普通のことだと思っていましたが、周りからは行動力がすごいと言われます。行きたかったらすぐ行けばよい、そんな考えのベースが「ＡＣＴ」の経験を経てできあがったのだと思います。加えて言語も英語やスペイン語を話せるようになり、短期間で集中的に言語を学び、リテンション（やる気を維持する）の方法も自分のなかで確立したので効率的に学べるようになりました。

これまでは海外で生きていくことや海外で仕事をするのが憧れでしたが、今は現実となっていて、今後はヨーロッパで働きたいと考えています。夢や憧れを現実にする自信もつきました。その原点がタイガーモブでの活動でした。

今の自分のミッションは「これ！」というのはまだ確立していませんが、リベラルアーツで広く学び、今後フォーカスする分野を決めていきたいです。今いる学校も社会課題に敏感で、パレスチナ問題や労働環境の改善を求めるデモを起こしたり、ＬＧＢＴのプライド月間中は学校中がレインボーカラーになったりという環境です。

「ＡＣＴ」の経験を通して、生きる世界が自分でも驚くほど広がりました。今後は、心理学や気候変動問題などをより深く追求するとともに、さまざまな世界中の選択肢に目を向け、どこに自分の人生を捧げていくのか決めようと思います。

おわりに

生徒の誰もが海外に挑戦し、人生のターニングポイントになるような機会に触れてほしい。そう願って私たちタイガーモブは創業期から「海外インターンシップ」の提供サービスを行ってきました。

目的は本物の「次世代リーダー」を生み出すことです。

インターンシップの体験を通して生徒が自分自身のやりたいことや方向性を明確にし、自分の「好き」と「得意」を正しく認識することで、自分らしさを見つけ出し、自分の足で人生を歩んでいける。そのお手伝いをするのが私たちのミッションです。

留学や海外インターンシップは、100万円を超える費用がかかります。世界に出たい若者はたくさんいるものの、海外への挑戦ハードルは非常に高いものになっています。私たちはそうした経済面の壁や手続き上のややこしさ、提携相手先の選定など、困難なハードルを下げ、海外インターンシップサービスをスタートさせることができました。

今では、参加者の約20パーセントの学生が、インターン先の企業から内定をもらい、現地でそのまま働く機会を得ています。

タイガーモブのインターンシップの参加者からよく聞く言葉があります。

「崖から突き落とされたような経験だった」「頭を思いっきり殴られたような体験だった」「雷に打たれたような気持ち」など、どれもゾッとするかもしれませんが、事実です。実際にその感想の動画があるので、ぜひご覧ください（https://www.youtube.com/watch?v=CY-f7KOZq38）。

実は、私たちはこれらの言葉に出会うと、「よい経験をしたな」と笑顔になります。

崖から突き落とされ、そこから這い上がり、自分の組織に戻って新しい価値を生み出せるように成長する体験を、私たちは「越境体験」と呼んでいます。

タイガーモブが提供しているのは、まさに国・文化・商慣習を超える「越境体験」です。

今までの自分の物の見方や考え方を振り返り、人生そのものを捉え直す「価値観のリフレーミング」です。日本にいるかぎり、比較的近い文化的・習慣的背景を持った人とのコミュニケーションで終わるため、このようなことはあまり起こりません。

国・文化・習慣が異なることで、自分自身が暗黙の前提としていることがいとも簡単に崩れ去る。その経験が挑戦するマインドセットを養い、多様性をほんとうの意味で受け入れられる素地をつくり、単純な白黒思考から脱却することに成功するのです。

結果を出すことの意味と価値を理解する次世代リーダーはそうして生まれます。

タイガーモブのもう一つのメイン事業は、日本の中学・高等学校における体験学習カリキュラムの提供です。

それが本書で解説した「挑戦する教室」です。

学校教育のなかに世界を舞台にした実践機会を届けたいと考え、「Learning by Doing」をコンセプトに、生徒が世界中の起業家や実践者の話から学び、その学びを振り返り、次世代の先駆者を生み出していく活動を日本中で展開しています。

サポートするタイガーモブのスタッフはいわゆる先生ではありません。今も言葉を探し続けていますが、現段階において適切な表現は、「パートナー」だと思っています。それは、先生たちにとっても、生徒たちにとっても、保護者にとっても同じ立ち位置です。

今、学校教育の現場では、先生、生徒、保護者のすべてにあまり時間的なゆとりがないことはご承知の通りです。

そこで私たちは先生たちに質問します。「何を実現しようとして、そんなに働いていますか」と。そして、先生にはこうお伝えします。「生徒や保護者と話す機会があれば、こう聞いてみてください。どうして今、そんなにたくさん詰め込んでいるのですか」と。

先生も生徒も保護者も、一瞬、言葉に詰まるのではないでしょうか。

私たちは、常に見えない不安や、周りからの情報に踊らされてしまう存在です。その結果、ほんとうに大切なことが見えなくなり、盲目的に突き進んでしまうことがよくあります。それが、現代の先生・生徒・保護者を取り巻く過剰なまでの頑張りと忙しさに繋がっているのではないかと私たちは考えています。

きっと、こんな反論もあると思います。

「いい大学に現役で合格しないと、いい人生はないではないか！」

果たしてそれは、真実でしょうか。そして、世界基準で見たときに、どれほど意味のあることでしょうか。

世界には、高校を卒業したのち、数年大学に進学せず、自分の関心のあることを見極めるために、世界を旅する人もいれば、自分と向き合い考える時間「ギャップイヤー」をたくさんとる人もいます。また、大学を卒業したら学びは終わりではなく、何度でも学び直すことができるという前提が社会にあったりします。

人は何歳からでも学ぶことができます。しかし、友達とゆっくり過ごすことや、部活動で切磋琢磨すること、ちょっと勇気を出して遠くまで遊びにいくこと、面白いと思ったことに後先考えず挑戦すること、こうした体験は、いつでもできるわけではありません。

私たちは、生徒の人生を豊かにするのに必要な挑戦の機会と、サポートを届けます。挑戦せずに一生後悔するくらいなら、やって後悔したほうが絶対いいと信じています。想像もしなかったことや、未知との衝突によって、人の価値観は大きく変容し、大きな学びを得ると思っています。それが、きっと人生の財産になります。そしてやった先に見えることがたくさんあります。

私たちの提供する海外インターンシップを中心に修学旅行や探究学習の授業は、今70を超える学校、2万人を超える学生が参加する活動へと進化を遂げました。

私たちが教育事業を続ける理由は、ほんとうの意味での「社会人（次世代リーダー）」を増やしたいからです。

本来「社会人」とは、社会全体に価値を届ける人であって、会社の中で作業をすることをめざしている人ではありません。私たちが思う次世代リーダーとは、社会に届けたい価値や、やりたいことを明確に持ち、自分の中にその判断基準を持つ人です。

第8章ではそうした次世代リーダーを紹介しました。彼らのようなリーダーをどんどんつくり出し、ほんとうの意味での社会人を日本に増やしていく必要があると考えています。

一人ひとりが想いと価値観を持って、目の前のことに向き合えば、社会は大きく変わっていきます。それが、本来の社会人としての責任だと考えます。

そして、教育機関こそ、世の中にすばらしい社会人を創出していくかけがえのない場所なのではないでしょうか。私たちは日本の教育現場を応援していきます。

最後に、本書はたくさんの方々のご協力を得てかたちを見ることができました。ありがとうございます。とくに、監修の小寺圭さんと編集の斎藤一九馬さんに感謝いたします。

著者　２０２３年4月

[著者プロフィール]

中村寛大（なかむら　かんだい）タイガーモブ株式会社共同代表取締役

1989年栃木県生まれ。2012年立教大学卒業。人材コンサルベンチャーへ新卒で入社後、スタートアップ企業からグローバル企業まで数多くの採用や教育組織開発のコンサルティングを手掛ける。そのかたわら、就職活動をする学生のサポートを６年間実施。その後、ECベンチャーへ転職、人事部門の役員を務める。2018年、タイガーモブへ入社。内閣府青年国際交流事業、文部科学省WWL（ワールド・ワイド・ラーニング）などのプロジェクトに関わる。現在、全国約70校の中学校・高校へのカリキュラムや海外修学旅行を提供し、年間約3,000人に挑戦する舞台を届けている。チャレンジャーであふれた世界をめざし、2022年には世界の最前線を舞台にした学校「TigerMov School」を立ち上げる。「Learning by Doing（実践を通じた学び）」を軸に日本の学びを変革する実践家。

[監修者プロフィール]

小寺　圭（こでら　けい）元Sony China会長

1946年東京都生まれ。1970年東京外国語大学卒業。木材専門商社、General Motors Japanを経て1975年ソニー（株）入社。中近東、アジアでの駐在を経てAsia Marketing Co（Sin）社長、海外マーケティングセンター長、Sony Europe社長、Sony Marketing of Japan社長、Sony China会長を歴任。その後日本トイザらスCEOを経て現在は数々のベンチャー企業の社外役員・顧問などを務める。タイガーモブとは2016年の会社設立時から係わる。

挑戦する教室——実践が生徒を熱中させる！

2023年4月20日　初版発行

著　者　中村寛大
発行者　菅原秀宣
発行所　武久出版株式会社
〒136-0071　東京都江東区亀戸8-25-12
TEL：03(5937)1843　FAX：03(5937)3919
編集協力　株式会社同文社
印刷・製本　中央精版印刷株式会社

ISBN 978-4-89454-145-0 C0037
定価はカバーに表示してあります。
落丁・乱丁などがありましたらお取り替えいたします。